"ධම්මෝ හි වාසෙට්ඨා, සෙට්ඨෝ ජනේතස්මිං
දිට්ඨේ චේව ධම්මේ, අභිසම්පරායේ ච."

වාසෙට්ඨයෙනි, මෙලොවෙහි ත්, පරලොවෙහි ත්
ජනයා අතර ධර්මය ම ශ්‍රේෂ්ඨ වෙයි !

- අග්ගඤ්ඤ සූත්‍රය - භාග්‍යවත් බුදුරජාණන් වහන්සේ

නුවණ වැඩෙන බෝසත් කථා - 40
ජාතක පොත් වහන්සේ

(කුක්කු වර්ගය)

පූජ්‍ය කිරිබත්ගොඩ ඤාණානන්ද ස්වාමීන් වහන්සේ

© සියලුම හිමිකම් ඇවිරිණි.

ISBN : 978-955-687-170-8

ප්‍රථම මුද්‍රණය : ශ්‍රී බු.ව. 2562 වප් මස පුන් පොහෝ දින

සම්පාදනය : මහමෙව්නාව භාවනා අසපුව
වඩුවාව, යටිගල්ඔළුව, පොල්ගහවෙල.
දුර : 037 2244602
info@mahamevnawa.lk | www.mahamevnawa.lk

පරිගණක අකුරු සැකසුම, පිටකවර නිර්මාණය සහ ප්‍රකාශනය :
මහාමේඝ ප්‍රකාශකයෝ
වඩුවාව, යටිගල්ඔළුව, පොල්ගහවෙල.
දුර : 037 2053300, 076 8255703
mahameghapublishers@gmail.com

මුද්‍රණය : ලීඩ්ස් ග්‍රැෆික්ස් (පුද්.) සමාගම,
අංක 356 E, පන්නිපිටිය පාර, තලවතුගොඩ.
ටෙලි: 011-4301616 / 0112-796151

නුවණ වැඩෙන බෝසත් කථා - 40

ජාතක පොත් වහන්සේ

(කුක්කු වර්ගය)

සරල සිංහල පරිවර්තනය

**පූජ්‍ය කිරිබත්ගොඩ ඤාණානන්ද
ස්වාමීන් වහන්සේ**

මහාමේඝ
MAHAMEGHA

ප්‍රකාශනයකි

පෙරවදන

ජාතක පොත් වහන්සේ ඔබ කියවලා ඇති. කුඩා අවධියේත්, පාසලේදීත්, සරසවියේත්, පන්සලේ බණ මඩුවේත්, වෙසක් නාඩගමේත් අපි ජාතක කථා රස වින්දෙමු. නමුත් එහි සැබෑ අරුත කුමක් දැයි තේරුම් ගන්නට අප සමත් වූ වගක් නම් නොපෙනේ.

'නුවණ වැඩෙන බෝසත් කථා' නමින් ඒ ජාතක කථා ඔබේම භාෂාවෙන් ඔබට කියවන්නට ලැබෙන්නේ එයින් ඉස්මතු වන අරුතත් සමඟිනි. මෙහි අරුත් දැන එම කථාවත් මතක තබා ගෙන සත්පුරුෂ ගුණධර්ම දියුණු කර ගන්නට මහන්සි ගන්නේ නම් එය ජාතක කථාවෙන් ඔබට ලැබෙන සැබෑම ප්‍රතිඵලයයි.

හැම දෙනාටම තෙරුවන් සරණයි!

මෙයට,
ගෞතම බුදු සසුන තුළ මෙත් සිතින්,
පූජ්‍ය කිරිබත්ගොඩ ඤාණානන්ද ස්වාමීන් වහන්සේ
ශ්‍රී බුද්ධ වර්ෂ 2560 ක් වූ වෙසක් මස 31 දා

මහමෙව්නාව භාවනා අසපුව
වඩුවාව, යටිගල්ඔළුව,
පොල්ගහවෙල.

පටුන

40. කුක්කු වර්ගය

නමෝ තස්ස භගවතෝ අරහතෝ සම්මාසම්බුද්ධස්ස
ඒ භාග්‍යවත් අර්හත් සම්මා සම්බුදුරජාණන් වහන්සේට නමස්කාර වේවා!

01. කුක්කු ජාතකය

රියන් එකහමාරක් පමණැති කැණිමඬල ගැන කතාව

පින්වතුනේ, පින්වත් දරුවනේ,

මේ කතාවෙන් කියැවෙන්නේ නායකයෙක් තමන්ගේ රට පාලනය කළ යුතු ආකාරයයි.

ඒ දිනවල අපගේ භාග්‍යවතුන් වහන්සේ වැඩ වාසය කොට වදාළේ සැවැත්නුවර ජේතවනයේ. එදා පසේනදී කොසොල් මහරජතුමා අපගේ භාග්‍යවතුන් වහන්සේව බැහැදකින්ට පැමිණි අවස්ථාවේ අපගේ භාග්‍යවතුන් වහන්සේ මෙසේ අවවාද කොට වදාළා.

"මහරජ්ජුරුවෙනි, විශේෂයෙන් රටේ පාලකයා සතර අගතියෙන් වැළකී සිටිය යුතු ම යි. ඡන්දයෙන් අගතියට ගොස් තම තමන්ගේ හිතවතුන්ට කිසි සුදුසුකමක් නැතිව තනතුරු දීම නොකළ යුතුයි. එය ඡන්දයෙන් අගතියට යාමයි.

ද්වේෂය ඇති වූ පමණින් කරුණු නොසොයා - නොබලා තීරණ ගෙන කටයුතු කිරීම නමැති ද්වේෂයෙන් අගතියට යෑම නොකළ ම යුතු දෙයක්.

භයට පත්වීමෙන් කලබල වී තීරණ ගැනීම නම් කිසිසේත් ම නොකළ යුතුයි. එයට කියන්නේ භයින් අගතියට යෑම කියලයි.

ඊළඟට පුරෝහිත බ්‍රාහ්මණයන්ගේ, නැකැත් කේන්දරකරුවන්ගේ බස් පිළිගෙන කරුණු නොවිමසා තීන්දු තීරණ නොගත යුතුයි. එයට කියන්නේ මෝහයෙන් අගතියට යෑම කියලයි.

ඉතින් මහරජ්ජුරුවෙනි, රටක නායකයා අගතියෙන් යුක්ත වුණොත් ඔහුගේ අමාත්‍ය මණ්ඩලය, අනුචරකයන් කවුරුත් පාහේ අගතියට යනවා. සතර අගතියට ගොස් රාජ්‍ය පාලනය කළොත් එයින් පීඩාවට පත්වෙන්නේ පොදු මහජනතාවයි. එයට කියන්නේ අධාර්මික පාලනය කියලයි.

ඒ වගේම මහරජ්ජුරුවෙනි, ඇතැම් රජවරු ඉන්නවා. ඔවුන්ට ධාර්මිකව උපදෙස් දියහැකි නුවණැති ඇමතිවරු ඉන්නවා. ඒ නුවණැත්තන්ගේ ඇසුර නිසා රජවරු ඡන්දයෙන් අගතියට නොයා සුදුස්සාට සුදුසු තැන දෙනවා. ද්වේෂයෙන් අගතියට නොයා සාධාරණත්වයට තැන දෙනවා. භයින් අගතියට නොයා එඩිතර තීරණ ගන්නවා. මෝහයෙන් අගතියට නොයා නුවණින් යුක්තව කටයුතු කරනවා. එතකොට ඒ රජ්ජුරුවන්නේ අමාත්‍ය මණ්ඩලයත් හිතුමනාපේ පාලනය නොකරමින්, රාජ්‍ය දේපල සොරකම් නොකොට රජුට අවනතව කටයුතු කරනවා. නීතියට හිස නමනවා. එතකොට අනුචරකයොත් ඒ අයුරින් ම පිළිපදිනවා. එයින් පොදු මහජනතාවට මහත් සැපයක්, යහපතක් ඇති වෙනවා. රට සශ්‍රීක වෙනවා. මහරජ්ජුරුවෙනි, එයට කියන්නේ ධාර්මික පාලනය කියලයි.

ඒ වගේ ඉස්සර හිටිය අධාර්මික රජවරුන්ට නුවණැති ඇමතිවරුන්ගේ මැදිහත් වීම නිසා ධාර්මික දියුණු රාජ්‍යයන් බිහි කරගන්ට පුළුවන් වුණා."

එතකොට කොසොල් රජ්ජුරුවෝ "අනේ ස්වාමීනී, මාත් කැමතියි පෙර රජවරුන් ධාර්මික ඇමතිවරුන්ගේ ඇසුර ලැබූ අයුරු දැනගන්ට. අනේ මට ඒ ගැන වදාරණ සේක්වා!" කියා භාග්‍යවතුන් වහන්සේගෙන් ඉල්ලා සිටියා. භාග්‍යවතුන් වහන්සේ ඒ අවස්ථාවේ මේ අතීත කතාව ගෙනහැර දක්වා වදාළා.

"මහරජ, ගොඩාක් ඉස්සර කාලෙක බරණැස්පුරේ බ්‍රහ්මදත්ත නමින් රජ්ජුරු කෙනෙක් රාජ්‍ය විචාරමින් සිටියා. ඔය කාලේ මහාබෝධිසත්වයෝ ඒ රජ්ජුරුවන්ගේ අර්ථධර්මානුශාසක අමාත්‍යවරයාව සිටියා. ඒ අමාත්‍යවරයාට පැවරී තිබුණු රාජකාරිය වුණේ රජ්ජුරුවන්ව අගති ගමනයෙන් වළක්වා යහපත් මාර්ගයට පමුණුවාලීම යි.

නමුත් මේ බඹදත් රජතුමා ලෝභයි. අධික ධන ආශාවෙන් යුක්තයි. ඒ හේතුවෙන් මොහු පොදු ජනයාගේ බදු බර වැඩි කළා. හැමදේකින් ම බද්දක් ගත්තා. එයින් ධනය ම රැස් කළා. මේ නිසා පොදු මහජනයා බලවත් පීඩාවට ලක්වුණා.

බෝසත් අමාත්‍යතුමා මේ ගැන මහත් සංවේගයට පත් වුණා. මේ ගැන මහරජ්ජුරුවන්ව දැනුවත් කොට ජනතාවට බදුබර පැටවීම වරදක් බව පෙන්වා දෙන්ට නිසි උදාහරණයක් දක්වන්ට උපමාවක් සොයමින් සිටියා. ඒ වෙද්දී රජ්ජුරුවන්ගේ උද්‍යානයේ ඉදිවෙමින් තිබූ වාසාගාරයේ කටයුතු නැවතිලා තිබුණා. වහලේ උළු

සෙවිලි කොට තිබුණේ නෑ. ලීයෙන් කළ කැණිමඬල ඔසොවා එයට පරාල වද්දලා තිබුණා විතරයි.

එදා රජ්ජුරුවෝ උයන් කෙළියට ගිහින් වටපිට ඇවිදින අතරේ තවම වැඩ නිමවී නැති ගොඩනැගිල්ල බලන්ටත් ආවා. ගේ ඇතුළට පිවිසිලා උඩ බැලුවා. වටේට තියාපු පරාල මතින් රැඳී තිබෙන කැණිමඬල තමන් මතට වැටේ ය කියා භයින් ඉක්මනට එළියට ඇවිත් පිට ඉඳන් බැලුවා. බලාගෙන මෙහෙම සිතුවා. 'ෂාහ්... හරි අගේ නොවැ. එතකොට මේ කැණිමඬල මෙතරම් උඩින් නොවැටී තියෙන්නේ කොහොමෙයි. එතකොට පරාල ගොඩත් ලිස්සා නොවැටී තියෙන්නෙ කොහොමෙයි?' සිතා බෝධිසත්වයන්ගෙන් මේ පළමු ගාථාව ඇසුවා.

(1). බලන් මිතුර අර හරි අගේට නොවැ -
කැණිමඬල තියෙන්නේ
රියන් එකහමාරක් උස ඇත්තේ -
අට වියතක් වට රවුම තියෙන්නේ
ඇට්ටේරිය කඳකින් ගත් මෙය එළ නැති -
අරටුවකින් යුතු වන්නේ
උඩින් තිබෙන මෙය කොතැන පිහිටල ද -
බිම නොවැටෙන්නේ

රජ්ජුරුවෝ මෙය ඇසූ ගමන් බෝසත් අමාත්‍යයාට මෙහෙම හිතුනා. 'හරි... මෙයැයිට උගන්වන්ට මං මෙවැනි අවස්ථාවක් තමයි මෙතෙක් දවස් බල බලා සිටියේ' කියා සිතා මේ පිළිතුරු ගාථා දෙක පැවසුවා.

(2). බලන්ට රජුනේ කැණිමඬල වටේට ම -
වද්දා ඇත්තේ මොනවාද කියා
අරටුවෙන් ම කළ වක් පරාල නොවැ -

වටකොට ඇත්තේ හැඩට තියා
ඒ පරාල හොඳ හැටි තදකොට -
කැණිමඬලට වද්දා පිළිවෙළට තියා
සමබර ලෙස ඔසොවා ඇති හින්දා -
බිම නොවැටේ එය සැක නොතියා

(3). මෙලෙසින් නුවණැති රජෙකුට ඇත්නම් -
ඇමතිවරුන් යහපත් ගුණැති
නොබිඳිය හැකි මිතුරන් ය ඔවුන් හැම -
හොර බොරු වංචාවක් නොමැති
මේ පරාල හැම එකතුව බරගෙන -
කැණිමඬල ඔසොවගෙන විලස ඇති
හොඳ පිරිසක් රජෙකුට සිටිනා විට -
ඒ රජවරු බිම නොම වැටෙති

බෝධිසත්වයන්ගේ කීමට ඇහුම්කන් දුන්නු රජ්ජුරුවෝ ඒ ගැන හිතන්ට පටන් ගත්තා. 'මේ ඇමතිගේ කතාව ඇත්ත තමා. කැණිමඬලක් ඔසොවා නැති තැන එතැන පරාලත් නෑ. පරාල සමව පිහිටා කැණිමඬලට වැද්දලා නැත්නම් එතැන කැණිමඬලකුත් නැහැ. බැරිවෙලාවත් පරාල බිඳී ගියොත් කැණිමඬලත් ඇදගෙන වැටෙනවා. හරි... බලාගෙන ගියාම මේ වගේම තමයි. රජ්ජුරුවෝ ඉස්සෙල්ලා ම ධාර්මික වෙන්ට ඕනෑ. ඒ රජ්ජුරුවන්ගේ ධාර්මික රැකවරණය මිතුරන්ට, හමුදාවට, බ්‍රාහ්මණ ගෘහපතියන්ට ලැබෙන්ටත් ඕනෑ. එතකොට ඔවුන් බිඳෙන්නේ නෑ. ඔවුන් බිඳී වෙන්ව ගියොත් තමයි රජෙක් පරදින්නේ. රජු ධාර්මික වීම ම යි ඉස්සෙල්ලා ම තෙරෙන්ට ඕනෑ.

රජ්ජුරුවෝ ඔහොම කල්පනාවට වැටී ඉන්න මොහොතේ ම රාජපුරුෂයෙක් අළුත් ම නාරං වගයක්

ගෙනැවිත් රන් තැටියේ දමා පිළිගැන්නුවා. එතකොට රජ්ජුරුවෝ "මිත්‍රයා... මේ නාරං ගෙඩියක් කමුකෝ එහෙනං" කියා බෝධිසත්වයන්ට කිව්වා. එතකොට බෝධිසත්වයෝ නාරං ගෙඩියක් අතට ගත්තා.

"රජ්ජුරුවන් වහන්ස, මේ බලන්න... මේ නාරං ගෙඩිය... මේ නාරං ගෙඩිය කන්ට දන්නැති කෙනා මේක තිත්ත කරගන්නවා. එහෙම නැත්නම් ඇඹුල් කරනවා. නමුත් නුවණැත්තෝ ඉන්නවා නාරං කන්ට දන්න. එයාල තිත්ත හරිනවා. ඇඹුල හරින්නැතිව නාරං රස නොනසා කනවා" කියා මේ ගාථා දෙක පැවසුවා.

(4)

පිහිය අතට ගෙන සොඳින් නාරං ගෙඩියේ තද ලෙලි
පරෙස්සමින් ගලව ගන්ට බැරිවුණොත් -
තිත්ත රසය එන්නේ
ගෙඩියත් නොකර ම තුවාල ලෙල්ලත් ගලවා
මිහිරි රසය ගන්නට හැකි වන්නේ
තුනී ලෙල්ල තියෙනා ගෙඩි -
නොදැන සහින්නට ගියොත්
නාරං රස විඳගන්නට ඔහුට බැරිව යන්නේ

(5). නුවණැති රජු මෙලෙසට ම යි -
බදු අය කරගත යුතු වන්නේ
තණ්හාවට වසඟ නොවී -
රටවැසියා නොපෙළා -
බදු ගත යුතු වන්නේ
සතර අගතියෙන් බැහැරව -
දැහැමි පිළිවෙතේ යෙදෙමින් -
රට කළ යුතු වන්නේ

මල් නොතලන බඹරිඳු සේ -
දැහැමිව ලබනා ධනයෙන් -
දියුණුව සැලසෙන්නේ

බෝධිසත්වයන් සමඟ මෙහෙම අවවාද කතාවෙන් යුතුව රජ්ජුරුවෝ පොකුණ ළඟට ආවා. ළහිරු රැස් බඳු පැහැයෙන් යුතු ලස්සනට පිපී ගිය නෙළුමක් වතුරෙන් උඩට නැගී දිය හා නොතැවරී තියෙනවා දැකලා මෙහෙම කිව්වා.

"ෂා...! අර... අර බලන්ට... මිත්‍රයා... අර පියුම හරි ලස්සනයි නේද... බලන්ට වතුරේ ම හටගෙන වතුරේ නොතැවරී තියෙන හැඩ!"

"එහෙමයි... දේවයන් වහන්ස. රටක් පාලනය කරන රජෙක් වුණත් ඔන්න ඔය විදිහට තමයි ඉන්ට ඕනෑ" කියලා මේ ගාථාවන් පැවසුවා.

(6). පොකුණුවල තියෙනා සුනිල ජලේ -
සුදුමුල් ඇති නෙළුම් ගසේ
ජලයේ හටගෙන නෙළුමත් -
උඩට ඇවිත් හිරු එළියෙන් පිපේ
එසේ පිපී ගිය පියුමේ මඩ ද නැතේ -
දූවිලි කිසිවක් ද නැතේ
දියෙන් උඩට මතු වී ඇති සුපිපි නෙළුම -
දිය හා නොතැවරී ඇතේ

(7). මේ අයුරුය යහපත් රජු -
සතර අගතියකින් තොරව -
තීන්දු තීරණ ගත හැකි

දැහැමි නීතියට අවනත -
පිරිසිදු පාලනයක් ඇති -
ඔහු ම ය තම රටට හිතැති
පියුම පොකුණුවල හටගෙන -
මඩ දිය කිසිවක් නුමුසුව -
දියෙන් උඩට මතු වී ඇති
ඒ අයුරුය දැහැමි රජු ද -
කිලිටි පව්ටු කටයුතුවල -
තැවරීමක් කිසිත් නොමැති

මේ විදිහට ඒ ඒ අවස්ථාවට මතුවන දේ උපමාවට ගනිමින් අර්ථධර්මානුශාසක අමාත්‍යයා උත්සාහ කරන්නේ තමන්ව නිසි මගට ගැනීමට බව නුවණැති රජ්ජුරුවන්ට වැටහුණා. එදා පටන් රජ්ජුරුවෝ ඒ ඇමතිතුමාගේ දැහැමි උපදෙස් අනුව කටයුතු කළා. ලෝභකම අත්හැරියා. ජනතාවට පටවා තිබුණු බදුබර අඩු කළා. සහන සැලැස්සුවා. බොහෝ දානාදී පින්කම් කළා. මරණින් මතු දෙව්ලොව උපන්නා."

භාග්‍යවතුන් වහන්සේ මේ ජාතකය වදාරා චතුරාර්ය සත්‍ය ධර්ම දේශනාව වදාළා. "මහණෙනි, එදා කලින් අධාර්මිකව සිට පසුව ධාර්මිකව රජකම් කළ රජ්ජුරුවෝ වෙලා සිටියේ අපගේ ආනන්දයෝ. ඒ රජුව යහපත් මාර්ගයට ගත් නුවණැති අමාත්‍යයා වෙලා සිටියේ මම" යි කියා භාග්‍යවතුන් වහන්සේ මේ ජාතකය නිමවා වදාළා.

02. මනෝජ ජාතකය

නරියාගේ උගුලට හසු වූ මනෝජ නමැති සිංහපුත්‍රයාගේ කතාව

පින්වතුනේ, පින්වත් දරුවනේ,

අපේ ඇතැම් දරුවෝ කවුරුන් එක්ක හෝ හිතවත්කමක් ඇති කරගත් විට මව්පිය වැඩිහිටියන්ගේ අවවාද ගණන් ගන්නේ නෑ. එයාලා හිතන්නේ එයාලාට හැම දෙයක් ගැන ම හැම අයෙක් ගැන ම හොඳ වැටහීමක් තියෙනවා කියලයි. නමුත් වැඩිහිටියන්ට එය හොඳට තේරෙනවා. වැඩිහිටියෝ වේලාසනින් කියනවා. අනතුරු හඟවනවා. මහා හිතවත්කමක් පෙන්නාගෙන ඉන්නා ආත්මාර්ථකාමී පුද්ගලයන්ගේ බහට රැවටෙන දරුවෝ, සිසුවෝ වැඩිහිටි ගුරුබසට අවනත නොවීමෙන් මහා විනාශයකට පත් වෙනවා. මේ එබඳු කතාවක්.

ඒ දිනවල අපගේ භාග්‍යවතුන් වහන්සේ වැඩ සිටියේ රජගහනුවර වේළුවනයේ. ඔය කාලේ දේවදත්තට හරි ජයයි. ඔහු ඉර්ධිප්‍රාතිහාර්ය පෙන්නලා අජාසත් කුමාරයාව වසඟ කරගෙන හිටියේ. ඒ නිසා අජාසත් කුමරු දේවදත්ත වෙනුවෙන් ගයා ශීර්ෂයේ ඉතා අලංකාර විහාරස්ථානයක් හදා දුන්නා. ප්‍රණීත ආහාරපානාදියෙන් සංග්‍රහ කළා. ලාභලෝභවලට තාන්නමාන්නවලට ආසා

කරන දායක පිරිසකුත් ඔහුට එකතු වෙලා සිටියා. රසවත් ආහාරපානවලටත් අතිරේක පහසුකම්වලටත් ගිජු වූ පැවිදි පිරිසකුත් දෙව්දත් වටා හිටියා.

ඔය අතරේ වේළුවනයේ සිටි භික්ෂුවකුත් තමන්ගේ හිත මිත්‍ර භික්ෂුවක් දකිනු කැමැත්තෙන් දෙව්දත්ගේ පන්සලට ගියා. එහිදී මේ භික්ෂුවට ප්‍රණීත ආහාරපාන වළඳින්ට ලැබුණා. තම මිත්‍ර භික්ෂුව මෙහෙම කිව්වා.

"දැන් බලන්ට ඇවත, ඔබ කොහේ ගියත් හැම තැන ම ඇහෙන්නේ එක ම ධර්මය නේ. දේවදත්තට භාග්‍යවතුන් වහන්සේ ගැන තියෙන්නේ පුද්ගලික ප්‍රශ්නයක් නේ. ඒක අපට වැඩක් නෑ. අපට කොතැනත් එකයි. අපට තියෙන්නේ අපට අදාළ නැති දේ අත්හැරලා හොඳ දේ ගන්න එකනේ. ඒ නිසා ඔබ මෙහෙ ඇවිත් හොඳට දන් පැන් වළඳලා පහසුවෙන් පිළිවෙත් පුරන්න. පිළිවෙත් පුරන්ට අපට කොහේවත් කාගෙන්වත් බාධාවක් නෑ නේ."

මේ මායාකාරී අදහසට අර භික්ෂුව අහුවුණා. දැන් මොහු පාන්දරින් ගයාවට වඩිනවා. එහේ දන් වළඳලා හවස් වෙන්න කලින් වේළුවනයට එනවා. ටික දවසක් යද්දි මේ භික්ෂුව රහසේ ගයා ශීර්ෂයට ගොහින් එන ගමන ගැන භික්ෂූන් වහන්සේලාට ආරංචි වුණා. එතකොට භික්ෂූන් වහන්සේලා අර භික්ෂුවට ඒ ගමනේ ඇති අවදානම ගැන කරුණු පෙන්නා දුන්නා.

"අනේ ඇවත, ඔබ අසා නැද්ද අසත්පුරුෂ ආශ්‍රයේ ඇති භයානකකම ගැන. කටට රහට කන්ට ටිකක් ලැබෙනවා ය කියලා ඒ හේතුවෙන් අපි මොනාටද අසත්පුරුෂ ආශ්‍රයට වැටෙන්නේ. ඔහොම ගිහින්

ඔබට නොදැනීම තිසරණය අහිමි වී යාවි. ශාස්තෲන් වහන්සේගේ පිළිසරණ අමතක වේවි. ඇයි දේවදත්තත් කියන්නේ එයැයිටත් නිවන් මග පෙන්නා දෙන්ට ඇහැක කියා. අන්තිමේදී ක්ෂණ සම්පත්තිය අහිමි වෙනකල් ම දන්නැතිව යාවි."

"අනේ... නෑ ඇවැත්නි, මොකෝ මං බබෙක් යැ. මං ගියේ දේවදත්තගෙන් බණ අහන්ට නොවෙයි. මයෙ හිතවත් භික්ෂුවක් ඉන්නවා. එයැයි මුණගැහෙන්ට ගියේ. එතැන වුණත් වැරදි බණක් කියන්නෙ නෑ. අපි හොඳ නම් කොහොමද අනතුරේ වැටෙන්නේ."

"හා... හා... එහෙනම් අපි යමු භාග්‍යවතුන් වහන්සේ බැහැදකින්ට. භාග්‍යවතුන් වහන්සේ වදාරණ දෙයක් පිළිගනිමුකෝ" කියලා භික්ෂූන් වහන්සේලා ඒ භික්ෂුව භාග්‍යවතුන් වහන්සේ වෙත කැඳවාගෙන ගිහින් මෙකරුණ සැලකළා.

"ස්වාමීනී භාග්‍යවතුන් වහන්ස, මේ භික්ෂුව හොරාට පාන්දරින් ම ගයා ශීර්ෂයට යනවා. ගොහින් දෙව්දත්ගේ ආරාමෙන් දන් වළඳා හැන්දෑ ජාමෙට හොරාට එනවා. මෙහෙම ගිහින් මිසදිටු වෙලා යාවි."

"හැබෑද භික්ෂුව... ඔබ ගයා ශීර්ෂයට ගොහින් දන් වළඳිනවා ද?"

"එහෙමයි ස්වාමීනී."

"භික්ෂුව... ඕක මහා අවදානම් වැඩක්. තමන් නැසී යනකල් ම තෝරා බේරාගන්ට හම්බුවෙන්නේ නෑ. භික්ෂුව, ඔබට මීට කලින් ආත්මෙකත් තමන්ට ඇති අනතුර කුමක්ද කියා හරිහැටියට තෝරා බේරා ගැනීමේ

හැකියාවක් තිබුණේ නෑ. එදා තමන්ට අහිතවත් කෙනාව ම ඇසුරු කරන්ට ගොහින් වැනසුණා" කියා භාග්‍යවතුන් වහන්සේ මේ අතීත කතාව ගෙනහැර දක්වා වදාළා.

"මහණෙනි, ගොඩාක් ඉස්සර කාලෙක බරණැස් පුරේ බ්‍රහ්මදත්ත නමින් රජ්ජුරු කෙනෙක් රාජ්‍ය විචාරමින් සිටියා. ඔය කාලේ මහාබෝධිසත්වයෝ සිංහ යෝනියේ ඉපදිලා උන්නේ. ඉතින් මේ සිංහයාට සිංහ ධේනුවකුත් හිටියා. කලක් යද්දී ඔය සිංහයා නිසා සිංහ ධේනුවට සිංහ පැටවෙකුයි පැටවියෙකුයි ලැබුණා. සිංහ පැටියාට 'මනෝජ' කියන නම දැම්මා. සිංහ පැටියාත් උස මහත් වෙලා හොඳ ජවසම්පන්න සිංහ පුත්‍රයෙක් වුණා. ඒ සිංහ පුත්‍රයාත් සිංහ පැටික්කියක් සහේට ගත්තා. දැන් මේ සිංහ පවුලේ ඔක්කොම පස්දෙනෙක් ඉන්නවා. කලක් යද්දී සිංහ මව් පිය දෙදෙනාවත්, සිංහ සහෝදරීවත්, තමන්ගේ සිංහ බිරිඳත් නඩත්තු කළේ මනෝජසිංහ තනියම දඩයම් කරලයි.

දවසක් මේ මනෝජ සිංහයා දඩයම් ගියා. වනාන්තරේ දඩයමට ඉව අල්ල අල්ල යද්දි හිවලෙකුව දැක්කා. ඒ හිවලාගේ නම 'ගිරියා'. සිංහයාව දැක්ක ගමන් හිවලාගේ දෙපා පණ නැතිව ගියා. එහෝම බිම වැටී පපුවෙන් බිම වැතිරීගෙන උන්නා. එතකොට මනෝජ සිංහයා එතැනට ළං වුණා.

"මොකෝ යාළුවා... තෝ... මේ... බිම දිගාවෙලා?"

"අනේ ආයුබෝවන්ඩ... ස්වාමී... මං... මං... මේ... තමුන්නාන්සේට උපස්ථාන කොරන්ට සිතක් පහළ වුණා!"

"හොහ්... හෝ... හොඳා... එහෙනං වර... මාත් එක්ක යන්ඩ වර අපේ ගුහාවට" කියලා මනෝජ සිංහයා ගිරියාව ගල්ලෙනට එක්කරගෙන ගියා.

එතකොට බෝධිසත්වයෝ දැක්කා තම සිංහ පුත්‍රයා හිවලෙක් එක්ක ගුහාවට එනවා. දැකලා මෙහෙම කිව්වා.

"ඒයි... මනෝජ... මෙහෙ වරේං..." එතකොට මනෝජ සිංහයා සිය පියා ළඟට ආවා. "මේ... මනෝජ... උඹ මොකාද ඔය එක්කරගෙන ආ සතා... ඇයි මෝඩයෝ... තේරෙන්නෙ නැද්ද... ඕකා හිවල් මොටෙක් නොවැ. උඹ දන්නැතෙයි හිවල්ලු ගැන... මනෝජ, හිවල්ලු කියන්නෙ පහත් අදහස් ඇති සත්තු ජාතියක්. ඕකුං තමුං ඇසුරු කරන අයව නොමගට යොදවනවා. ඔය ආස්සරෙං උඹට මහා විපැත්තියක් වේවි... ඕකාව ළඟට ගන්ට එපා... දැන්ම අතෑරපං."

බෝසත් සිංහයාගේ අවවාදය මනෝජ පුත්‍රයා ගණනකට ගත්තේ නෑ. හිවල් ඇසුර දිගට ම පැවැත්තුවා. දවසක් දඩයම් බිමේ මනෝජ සිංහයා ගාම්භීර ඉරියව්වෙන් වාඩිවෙලා උන්නා. ගිරියා හෙමින් හෙමින් ළං වෙලා දොඩන්ට පටන් ගත්තා. "මේ... ආයිබෝවංඩ... ස්වාමී... අපි දැං මේ වනාන්තරේ ඉන්නා නොයේක් සතාහීපාවුන්නේ මස් රස අනුභව කොරලා තියෙනවා නොවැ. හැබැයි ස්වාමී... මං අසා තියෙනවා... ඔව්... ඒ මස තමයි ලු රස...ම... රස. ෂෑ... මතක් වෙනකොටත් මයෙ කටට මොකදෝ වෙනවා."

"හරි... ඉතින්... තලු මර මරා ඉන්නෙ නැතිව කියාපංකෝ. මොකක්ද ඒ මස!"

"ඔව්... ස්වාමී... ඒ මස අස්ප මසලු. හප්පා... හරීම... රසායි කියන්නෙ."

"හරි මිත්‍රයා... තෝ එහෙම කිව්වාට බෑ නොවැ. අපි අස්ප මස් කොහෙන්ද ගන්නේ? මේ වනාන්තරේ අස්පයෝ ඉන්නවා ද?"

"හානේ ස්වාමී... දන්නැතෙයි... එන්ටකෝ යන්ට මාත් එක්ක. බරණෑස ගං තෙරේ... එහෙ නොවැ අස්පයෝ ඉන්නේ."

ඉතින් ගිරියා හිවලා මනෝජ සිංහයාව අශ්ව දඩයමට පොළඹවාගෙන බරණෑස ගං තෙරට එක්කරගෙන ගියා. එදා රජ්ජුරුවන්ගේ අශ්වයන් නදියට නාවන්ට ගෙනැවිත් හිටියා. සිංහයා හොරෙන් ම ගිහින් අශ්වයෙක්ව දඩයම් කරගත්තා. මරාගත් අශ්වයාව තමන්ගේ ගල්ලෙනට ම ඇදගෙන ආවා. සිංහ පියා අශ්ව මස් අනුභව කළා. තම පුත්‍රයාට කතා කළා.

"මේ... මනෝජ... මං කියන දේ අසාපං... උඹ දන්නවැයි අශ්පයෝ ගැන. මනෝජ... අශ්පයෝ කියන්නේ රජ්ජුරුවන්ට අයිති වටිනා සත්තු ජාතියක්. අශ්වයන්නේ මස් කන්ට පුරුදු වූ සිංහයන්ට ආයුෂ නෑ. ඔය රජ්ජුරුවෝ ගාව නොයෙක් මායා දන්න දුනුවායෝ ඉන්නවා. උන් අශ්ව දඩයමේ එන සිංහයන්ව විදලා මරනවා. ඒ නිසා අදින් පස්සෙ අස්ප දඩයමේ යන්ට එපා!"

නමුත් අශ්ව මසට ආශා කළ හිවලා මනෝජව නැවත නැවත අශ්ව දඩයමට පෙළඹෙව්වා. මනෝජත් පියාගේ වචනයට අවනත නොවී දිගට ම අශ්ප දඩයමේ ගියා. සිංහයෙක් අශ්වයන් දඩයම් කරනවා ය කියා ඇසූ රජ්ජුරුවෝ අශ්වයන්ට නාන්ට ඇතුළු නගරයේ අළුතින්

පොකුණක් තැනුවා. මනෝජ ඇතුළු නගරයටත් ගිහිං දඩයම් කරන්ට පටන් ගත්තා. එතකොට රජ්ජුරුවෝ ප්‍රාකාරය ඇතුළේ අශ්වයන්ට ශාලාවක් කරවා ඇතුළේ ම නාන්ට ජලයත් කෑමට තණකොළත් තිබ්බා. සිංහයා ප්‍රාකාරයෙන් පැනලා ඇවිත් සාලාවෙනුත් අශ්වයන් ඩැහැගෙන යනවා. එතකොට රජ්ජුරුවෝ අකුණු සැරෙන් ඊ විදින දක්ෂ දුනුවායෙකුට අශ්වයන් අල්ලන සිංහයාව විදලා මරන්ට අණ කළා.

දුනුවායා සිංහයා එන පාර හඳුනාගෙන ප්‍රාකාරය ළඟ අට්ටාලයක් ගසාගෙන රැකගෙන හිටියා. එදා මනෝජ ගිරියාත් සමඟ දඩයමට ආවා. ගිරියාව පිට සොහොන ළඟ නැවැත්තුවා. සිංහයාට පළපුරුදු අශ්ව දඩයමට තාප්පයෙන් පැන්නා. අස්සලට ගිහින් අශ්වයෙකුව දඩයමට මරා ගත්තා. දුනුවායා මෙහෙම හිතුවා. 'සිංහයා දඩයමට එද්දී එන වේගය බලවත්. ඒ නිසා එනකොට විදින්ට ඕනෑ නෑ. අශ්වයාව ඩැහැගෙන යද්දී කටින් ගත් බර නිසා වේගේ අඩුයි. එතකොට විදිනවා කියලා අශ්වයෙකු ඩැහැගෙන යන සිංහයාගේ පස්සා පැත්තට තියුණු ඊයකින් විද්දා. ඊය සිංහයාගේ කය විදගෙන එළියට වීසිවුණා. එතකොට සිංහයා "මට විද්දා... ආ... ආ..." කියා මහා හඬින් කෑ ගැසුවා. එසැණින් දුනුවායා දුන්නේ ලණුව හයියෙන් ඇදලා අතෑරියා. එයින් හෙණ හඬ වගේ ශබ්දයක් නිකුත් වුණා. හිවලාට සිංහයාගේ විලාපයත් දුනු දිය පොළන හඬත් ඇහුණා. "හෝ... එහෙනම්... මගේ මිත්‍රයා ඊ පහරකට ලක් වුණා එහෙනම්... දැන් ඉතින් මැරිලා පලච්ච උදවියත් එක්ක ගණුදෙනු නෑ නොවැ. මං මගේ පරණ වාසස්ථානෙට යනවා" කියා තමන් සමඟ ම කතා කරමින් මේ ගාථාවන් පැවසුවා.

(1). නැමී ගියා නොවැ දුන්නක් දුනු දිය හඬ නැගුනා
මගේ මිතුරු සිංහරජාගේ වැලපුම ඇසුනා
මනෝජ හට ඊ පහරක් හොඳ හැටියට වැදුනා
මයේ හිතේ ඒ පහරින් ඔහු එතැන ම මැරුනා

(2)

එහෙනම් මං බියක් නොමැති වනයට දැන් යනවා
කලිං වගේ වනේ ගොහින් සුවසේ හැසිරෙනවා
මෙවැනි මැරුනු අය කොහොමත් නැත මිතුරෝ වෙනවා
ජීවත්වෙන මට සගයන් ලබන්ට හැකි වෙනවා

මෙහෙම කියා හිවලා වනයට ගියා. මනෝජ සිංහයා ඊය වැදුනු වේලේ ඇඟට ගත් තනි වේගයෙන් ම ලෙන්දොර දක්වා අශ්වයාවත් ඇදගෙන ඇවිත් තමාත් මැරී වැටුනා. සිංහ මාපියනුත් නැගණියත් බිරිඳත් ලෙනෙන් එළියට ඇවිත් බලද්දී ඊය වැදී ගිය තැනින් ලේ ගලමින් තිබුණා. 'අයියෝ... පව්කාරයන්ගේ ඇසුර නිසා වෙච්ච දේ' කියා සංවේගයෙන් බලාගෙන සිටියා. එතකොට පළමුවෙන් පිය සිංහයා මේ ගාථාව පැවසුවා.

(3)

පව්වුටු ගති ඇති නීච උදවිය ඇසුරු කෙරුමට ගිය විට
එනිසා ම හේ වැඩිකලක් නම් සැපක් නොලබයි කිසිවිට
බලනු අපගේ මනෝජය දෙස මැරී වැතිරී ඇති සැටී
ගිරියාගේ වචනයට අනුව ම වැඩ ද සිදු වී ඇති සැටී

එතකොට සිංහමාතාව සිය පුත්‍රයාගේ මළකඳ දෙස බලාගෙන මේ ගාථාව පැවසුවා.

(4)

පව්ටු බාල ඇසුරට වැටිලා ගිය සිය පුතු නිසා
අම්ම කෙනෙක් සතුටක් කිසිදා නොලබයි ඒ නිසා

මනෝජ පුතු වැටී සිටිනා අයුරු බලන් පණ නසා
තම සිරුරින් ගලන ලෙයින් ගැලී සිටියි ඒ නිසා

එතකොට සිංහ නැගණිය සිය සහෝදර සිංහයාගේ ලේ වැකී ගිය නිසල සිරුර දෙස බලා මේ ගාථාව පැවසුවා.

(5)

යහපත දකිනා නුවණැති අය ඔවදන් දුන් විට
යමෙක් එබඳු උතුමන්ගේ වචනය නොකරන විට
එවැනි කෙනා බිම වැතිරී දුකට වැටෙයි මෙලෙසට
මහවිපතක වැටුනා නොවැ අපේ අයියත් එලෙසට

එතකොට මනෝජ සිංහයාගේ සිංහ ධේනුව සිය සැමියාගේ බිම වැතිරී තිබෙන නිසල දේහය දෙස බලා මේ ගාථාව පැවසුවා.

(6)

උතුම් කෙනෙක් නීච අයෙකු -
ඇසුරු කරන්නට ගිය විට
ඔහුව වැටෙනවා නීචයාට වඩා පහත් තැනකට
අධම නීච ඇසුර නිසා උත්තම සිහ රජෙකුට
සිදු වූ දෙය බලන් මැරී සිටිනව හී පහරට

මෙසේ මේ ජාතකය විස්තර කොට වදාළ අපගේ භාග්‍යවතුන් වහන්සේ මේ ගාථාව වදාළා.

(7). නිහීන අයෙකුව ඇසුරු කරන කල -
තමන් එයින් පිරිහී යන්නේ
සමාන ගුණ ඇති අයගේ ඇසුරින් -
නැත කිසිදා ඔහු පිරිහෙන්නේ
උතුම් ගුණැති අය ඇසුරු කිරීමෙන් -

වේගෙන් දියුණුව සැලසෙන්නේ
එනිසා තමාට වඩා ගුණැතියන් -
සමඟින් නිති කල් ගෙවපන්නේ

මෙය වදාළ භාග්‍යවතුන් වහන්සේ සසරේ සැරිසරා යන සත්වයන් අසත්පුරුෂ ඇසුර හේතුවෙන් මහත් ව්‍යසනයන්ට ගොදුරු වන ආකාරය පෙන්වා දෙමින් චතුරාර්ය සත්‍ය ධර්මය වදාළා. එම දම් දෙසුම අවසානයේ අසත්පුරුෂ දේවදත්තගේ ඇසුරට යොමුවෙමින් සිටි භික්ෂුවට එහි ඇති භයානකකම වැටහී සිහිනුවණ උපන්නා. සත්පුරුෂ ඇසුරේ ඇති පිහිට නුවණින් මෙනෙහි කොට තිසරණ රැකවරණ ලබා ගනිමින් සෝවාන් ඵලයට පත් වුණා.

"මහණෙනි, එදා මනෝජ සිංහයාව නොමගට මෙහෙයවූ ගිරියා නමැති හිවලා වෙලා සිටියේ දෙව්දත්. මනෝජ සිංහයා වෙලා සිටියේ මේ භික්ෂුව. සිංහ දියණිය වෙලා සිටියේ උප්පලවණ්ණාවෝ. බිරිඳ වෙලා සිටියේ ඛේමා භික්ෂුණිය. මව් වෙලා සිටියේ රාහුලමාතාවෝ. පීතෘ සිංහරාජයාව සිටියේ මම" යි කියා භාග්‍යවතුන් වහන්සේ මේ ජාතකය නිමවා වදාළා.

03. සුතනු ජාතකය

මව්පිය උපස්ථානයේ යෙදුනු බෝසත් සුතනුගේ කතාව

පින්වතුනේ, පින්වත් දරුවනේ,

අපගේ ගෞතම සම්මා සම්බුදුරජාණන් වහන්සේ පිහිටුවා වදාළ බුදු සසුන ලොව පහළ වූ එකම සත්පුරුෂ භූමියයි. කෙළෙහි ගුණ නමැති සත්පුරුෂ ගුණය මත ගොඩනැගුණු බෝසත් ජීවිතය සියලු දෙනාට ම මහා ආදර්ශයක් වුණා. ඒ සත්පුරුෂ ගුණ අතර ඇති ඉතා උතුම් ගුණයක් වන්නේ මව් පිය උපස්ථානයයි. මෙය එබඳු කතාවක්.

ඒ දිනවල අපගේ භාග්‍යවතුන් වහන්සේ වැඩ වාසය කොට වදාළේ සැවැත් නුවර ජේතවනයේ. ඔය සැවැත් නුවර ම දහඅට කෝටියක මහත් ධනයක් ඇති සිටු පවුලකට එකම පුත්‍රයෙක් සිටියා. දවසක් මේ පුත්‍රයා ජේතවනයට ගොහින් භාග්‍යවතුන් වහන්සේටත් භික්ෂු සංඝයාටත් පුද පූජාවන් පවත්වා බණ ඇසුවා. මොහුටත් පැවිදි වීමට බලවත් ආශාවක් හටගත්තා. ගෙදර ඇවිත් මව්පියන්ගෙන් අවසර ඉල්ලූ නමුත් පැවිද්දට කිසිසේත් ම අවසර ලැබුනේ නෑ. එතකොට මේ පුත්‍රයා සතියක් ම නිරාහාරව සිට ඉතාමත් අසීරුවෙන් පැවිද්දට අවසර

ලබා ගත්තා. ඉතාම ශ්‍රද්ධාවෙන් පැවිදි වුණා. දැන් මේ භික්ෂුවට පැවිදිව දොළොස් වසක් ගත වුණා. තවම ධ්‍යාන මගඵලාදී කිසිවක් උපදවාගන්ට පුළුවන් වුණේ නෑ. නමුත් ඉතා කැමැත්තෙන් බඹසරට ඇලී වාසය කළා.

සිටුගෙදර ද වෙනත් වග කිවයුතු කෙනෙක් නැති බව මිනිසුන්ට තේරුණ නිසා කල් ගත වෙද්දී එක් එක් අය ඔවුන් සතු බඩු බාහිරාදිය ගෙන ගියා. කලක් යද්දී මව්පියන් දිළිඳු බවට පත් වුණා. අනාථව අසරණව එදා වේල ආහාරයක්වත් නැතිව ජීවත් වුණා. ඈත වනයක වාසය කළ පුත්‍ර භික්ෂුවට සිය දෙමාපියන් පත්ව ඇති අසරණකම ගැන ආරංචි වුණා. වහා සැවැත් නුවර ඇවිත් මාපියන් ගැන සොයා බලද්දී ඔවුන් ඉතා අසරණව ඉන්නවා. එතකොට මේ භික්ෂුව සැවැත් නුවරට පිඬු සිඟා ගොස් ලැබෙන දානය රැගෙන කෙලින්ම මාපියන් ඉන්නා තැනට යනවා. ගිහින් ඒ දානය තුන් කොටසකට බෙදනවා. දෙකොටසක් දෙමාපියන්ට දෙනවා. ඉතිරි දානය තමා වළඳිනවා.

ටික දිනක් ගත වෙද්දී අසවල් භික්ෂුව පිඬුසිඟාගත් දෙයින් ගිහියන් පෝෂණය කරනවා ය කියා කසු කුසුවක් භික්ෂූන් අතර පැතිර ගියා. එතකොට භික්ෂූන් වහන්සේලා මෙකරුණ භාග්‍යවතුන් වහන්සේට සැලකළා. භාග්‍යවතුන් වහන්සේ ඒ භික්ෂුව කැඳවා මෙසේ අසා වදාළා.

"හැබෑද භික්ෂුව... ඔබ පිඬු සිඟා ලත් දෙයින් ගිහියන් පෝෂණය කරනවා කියන්නේ?"

"එහෙමයි ස්වාමීනී."

"කවුද ඒ ඔබ පෝෂණය කරන ගිහි අය?"

"ස්වාමීනී භාග්‍යවතුන් වහන්ස, ඒ මගේ දෙමාපියෝ. එයාලා ඉස්සර ධනවත්ව හිටියට දැන් එදා වේල කන්න නැතිව අනාථව අසරණව ඉන්නේ. මං ගිහින් දෙන ආහාරයෙනුයි එයාලා පණ කෙන්ද රැකගෙන ඉන්නෙ."

"සාධු... සාධු... භික්ෂුව... බොහෝම හොඳයි. කාත් කවුරුත් උපකාරයට නැති අවස්ථාවක මාපියන්ට උවටැන් කිරීම කළ යුතු ම දෙයක්. ඉස්සර හිටිය නුවණැති අයත් ඔහොම තමා. ඉතාම ආදරයෙන් මව්පියන්ට උපස්ථාන කළා" කියා මේ අතීත කතාව ගෙනහැර දක්වා වදාළා.

"මහණෙනි, ගොඩාක් ඉස්සර කාලෙක බරණැස් පුරේ බ්‍රහ්මදත්ත නමින් රජ්ජුරු කෙනෙක් රාජ්‍ය විචාරමින් සිටියා. ඔය කාලෙ මහා බෝධිසත්වයෝ ඉතාම දුගී දුප්පත් පවුලක පුතෙක් වෙලා උපන්නා. ඒ පුතාට දෙමාපියෝ 'සුතනු' යන නම දැම්මා. මේ සුතනු පුතා වයසින් මුහුකුරා ගියාට පස්සේ කුලී වැඩ කරලා තම දෙමාපියන්ව පෝෂණය කරන්ට පටන් ගත්තා.

ඔය කාලේ බ්‍රහ්මදත්ත රජ්ජුරුවෝ මුව දඩයමට පුරුදු වෙලා හිටියා. දවසක් රජ්ජුරුවෝ මහත් පිරිවරකින් යුක්තව යොදුනක් දෙකක් පමණ වූ වනාන්තරයට ගියා. පිරිස රැස්කොට මෙහෙම කිව්වා. "හරි... අද කරන්නේ මෙහෙමයි. දැන් අපි මුවන් දඩයම් කරද්දි කවුරුහරි ළඟින් මුවෙක් පැනලා ගියොත් එයා පරාදයි."

එතකොට ඇමතිවරු රජ්ජුරුවන්ට ඉන්ට තැනක් මාවතේ ම කොටු කරලා සෙවණ කරලා හදා දුන්නා. මිනිස්සු මුවන් ඉන්න තැන කොටු කරලා මහා හඬින් කෑ කොස්සන් ගසන්ට පටන් ගත්තා. එතකොට මුවන් අතර උන් ඒණිමුවෙක් රජ්ජුරුවෝ සිටි තැනින් පැනලා

යන්ට සූදානම් වුණා. "ආ... මේං... මුවෙක්. එහෙනම් මං මූට විදින්ට ඕනෑ" කියා ඊයක් විද්දා. ඒ මුවා මුව මායම් ඉගෙනගත්තු එකෙක්. තමන්ගේ ඉල ඇටය දිහාවට වේගයෙන් එන ඊය දැක්ක ගමන් මුවා කැරකිලා පෙරළුනා. ඊය වැදුනා වගේ වැටිලා උන්නා. රජ්ජුරුවෝ මුවාව ගන්ට ළඟට ආවා විතරයි මුවා නැගිටලා හුළඟේ වේගයෙන් පැනලා ගියා. එතකොට ඇමතිවරු රජ්ජුරුවන්ට වැඩේ වැරදීම ගැන හයියෙන් හිනා වුණා.

රජ්ජුරුවෝ අතෑරියේ නෑ. මුවා පස්සේ පැන්නුවා. මුවා වෙහෙසට පත් කරලා මරා ගත්තා. කඩුවෙන් කපා දෙපළු කරගත්තා. ලීයක් අරගෙන එහි දෙපැත්තේ කදක් වගේ එල්ලෙන්ට හදාගෙන තමන් ම කර ගහගෙන කැලේ මැද්දෙන් එද්දී පාර අයිනේ තියෙන සුවිසල් නුගරුකක් දැක්කා. 'හෝ... මේ තියෙන්නේ අපූරු නුගයක්. මේ හෙවනේ ටිකක් ගිමන් හැරලා යන්ට ඕනෑ' කියලා මස් කද පැත්තකින් තියලා ටිකක් හාන්සි වුණා. පොඩි වෙලාවකට නින්ද ගියා. ආයෙමත් නැගිටලා කදත් අරගෙන යන්ට සූදානම් වුණා විතරයි නුගරුකෙන් යකෙක් මතු වුණා. රජ්ජුරුවන්ගේ අතින් අල්ලා ගත්තා.

"හහ්... හා... එහෙම යන්ට දෙන්ට පුළුවන් ද. දැන් මං තෝව කෑමට ගන්ට ඕනෑ."

"හෑ... කව්ද තෝ?"

"එම්බල නරය... මං මේ නුගේ උපන් යකෙක්. මයෙ නම මඛාදේව. මේ හෙවනට ආපු ඕනෑම නරයෙක්ව අනුභව කරන්ට මං වෙසමුනි දෙවියන්ගෙන් වරං අරගෙන ඉන්නේ."

එතකොටයි රජ්ජුරුවන්ට සිහි උපන්නේ. රජ්ජුරුවෝ මෙහෙම ඇහැව්වා. "හරි... එම්බල යක්ෂය, තොපට ඒ වරං ලැබුනේ අදට විතරක් කන්ට ද, නැත්නම් හැමදාම කන්ට ද?"

"හහ්... හා... ලැබුනොත් හැමදාම කනවා."

"අනේ යක්ෂය, තෝ එහෙනං අදට මේ මුවා කාහං. මාව අතෑරපං. මං හෙට පටන් තොට සෑහෙන බත් ගෙඩියකුත් එක්ක මිනිහෙක් එවන්නං."

"හොහ්... හෝ... එහෙනං ඒ ගැන හොඳට කල්පනාකාරී වෙයං ඕං... හැබැයි එව්වේ නැතිදාට තෝ කම්මුතුයි... හරි..."

"ඇයි යක්ෂය, තෝ දන්නවා නොවැ මං බරණැස් රජා බව. මට නැති දෙයක් නෑ නොවැ." එතකොට යක්ෂයා බ්‍රහ්මදත්ත රජ්ජුරුවන්ගෙන් ප්‍රතිඥාවක් අරගෙන පිටත් කළා.

රජ්ජුරුවෝ යාන්තං පණ බේරාගෙන එතැනින් ආවා. මාළිගයට ගියාට පස්සේ තමන්ගේ ඕනෑඑපාකම් ඉටු කරන අමාත්‍යයා කැඳවා වෙච්චි දේ විස්තර කළා.

"ඕං... ඔහොමයි ඇමතිය මං පණ බේරාගෙන එතැනින් පැන ගත්තෙ."

"හෝ... එතකොට දේවයන් වහන්ස, තමුන්නාන්සේ යකාත් එක්ක කළ ඒ ගණුදෙනුවෙදි දිනයක් තීන්දු කරගත්තෙ නැද්ද, මම අසවල් දවස වෙනකල් විතරක් මෙහෙම කරඤ්ඤං කියාලා?"

"අනේ මං එහෙම කළේ නෑ නොවැ."

"ෂැකේ... දේවයන් වහන්ස. හරි බරපතල දෙයක් නොවැ වෙලා තියෙන්නෙ... හරි... කමෙක් නෑ... ඒ ගැන ඔතරම් කල්පනා කරන්ට කාරි නෑ... ඇයි හිරගෙදර ඕනෑ තරම් මිනිස්සු ඉන්නෙ."

"අනේ ඇමතිය, එහෙනම්... උඹ මේකේ බර කරට ගනිං. මගේ ජීවිතේ බේරා දීපං."

"හරි... හරි... දේවයන් වහන්ස."

එදා පටන් දිනපතා හිරගෙදරින් මිනිසෙක් එළියට ගන්නවා. එයාගේ අතට මහ බත් බඳුනක් දෙනවා. "අසවල් තැන ඇති නුග ගහ යටින් මේක තියලා ගෙදර පලයං" කියලා පිටත් කරනවා. යකා බත්ගෙඩියයි මනුස්සයාවයි දෙක ම අනුභව කරනවා. කලක් ගත වෙන කොට හිරගෙදර මිනිසුන්ගෙන් හිස් වෙලා ගියා.

බත් ගෙනියන්ට කෙනෙක් හොයාගන්ට බැරිවෙන රජ්ජුරුවෝ මරණ භයින් තැතිගත්තා. "අයියෝ... ඇමතිය... දැන් මොකොද කරන්නෙ?"

"හරි... දේවයන් වහන්ස, අපි උත්සාහය අත්නොහැර බලමු. මං ඇතා පිටේ කහවණු දහසක පොදියක් බැඳලා අඬබෙර ගස්සවන්ට කියලා පිටත් කළා. නුග රුක ළඟට ගොහින් බත් ගෙඩිය පූජා කොරන්ට කැමැති අයෙක්ට මේ දහසින් බැදි පියල්ල ගනින් කියාලා. ජීවිතාශාවට වඩා ධනාශාව තියෙන එවුනුත් ඉන්නවා නොවැ."

එදා මේ අඬබෙර ශබ්දය බෝධිසත්වයන්ටත් ඇහුණා. එතකොට ඔහු මෙහෙම හිතුවා. 'අයියෝ... මං මේ මැරීගෙන කුලීවැඩ කරලා ගන්නා සොච්චමෙන් නොවැ මෑණියන්ට උපස්ථාන කරන්නේ. හරි... එහෙනම්...

මං මේ කහවණු දහස ගන්නවා. අරගෙන ගිහින් අම්මාට දෙනවා. ඊට පස්සෙ බත් ගෙඩිය අරං නුගේ ළඟට යනවා. එතැන යකෙක් නොවැ ඉන්නවා කියන්නේ. මං ඇහැක් වුනොත් ඒකාව මට්ටු කරනවා. බැරි වුනොත් මං නැතුවාට මයෙ අම්මාට සැපසේ ජීවත් වෙන්ට පුළුවන් නොවැ.'

ඉතින් බෝධිසත්වයෝ මේ කාරණාව අම්මාට කීවා. "අනේ මයෙ පුතේ, උඹ නැතිව මට සල්ලි මක්කටෙයි? මට වැඩක් නෑ. අපි ඔය ලැබෙන දෙයකින් ජීවත්වෙමු." එතකොට බෝධිසත්වයෝ දෙවැනි වතාවටත් මව්ගෙන් අවසර ඉල්ලුවා. ඒ වතාවෙත් අම්මා එපා කීවා. ඊට පස්සේ බෝධිසත්වයෝ තුන්වෙනි වතාවේ මෑණියන්ට නොකියාම ගිහිං අඬබෙරේ නැවැත්තුවා. දහසින් බැඳි පියල්ල ගත්තා. මෑණියන්ගේ අතට දුන්නා. අම්මා හඬාවැලපෙන්ට පටන් ගත්තා.

"නෑ... අම්මේ හඬන්නෙ මොටද... ඕං... බලන්ට... මං අද හැන්දෑ වෙද්දි අම්මාව හිනස්සගෙන ආපහු ගෙදර එන හැටි" කියලා අම්මාට වන්දනා කොට රාජපුරුෂයන් එක්ක මාළිගාවට පිටත් වුණා. ගිහින් රජ්ජුරුවන්ට වැඳලා සිටගත්තා.

"බොහෝම අගෙයි පුත්‍රයා උඹ මේ වැඩේට ඉදිරිපත් වෙච්චි එක. උඹට බත් ගෙඩිය අරගෙන යන්ට ඇහැකි නොවැ."

"එහෙමයි දේවයන් වහන්ස."

"හරි... ඒ වෙනුවෙන් උඹට වෙන මොනාද ඕනෑ?"

"මට මේ වැඩේට තමුන්නාන්සේගේ රන් මිරිවැඩි සඟල ඕනෑ."

"ඕ... ඒ මක්කටෙයි?"

"ඇයි දේවයනි, ඔය කියන නුගයේ මහා භයානක යක්ෂයෙක් ඉන්නවාලු නොවැ. ඒ යකාට මිනිසුන්ව කන්ට අවසර තියෙන්නේ ඒ භූමිය පාගාගෙන සිටියොත් ලු. මං ගොහින් ඒකා සන්තක භූමිය නොපාගා මිරිවැඩිසඟල මත ඉන්නවා."

"හරි... එතකොට තව මොනාද ඕනෑ?"

"මට දේවයනි... තව... තමුන්නාන්සේගේ කුඩයත් ඕනෑ."

"ඔව්... ඒකෙන් මොනාද කෙරෙන්නේ?"

"එතකොට මට යකාට අයිති නුගයේ සෙවණ ඇඟට වැටෙන්ට නොදී කුඩේ සෙවණේ ඉන්ට පුළුවනි. තමුන්නේ රුක් විමානේ සෙවණ කෙනෙකුගේ ඇඟේ වැටුණොත් තමයි ඒකාට බිල්ල ගන්ට ලේසි. මං ඒ අවස්ථාව නොදී ඉන්නවා."

"හෝ... බොහෝම අගෙයි... එතකොට තව මොනාද ඕනෑ?"

"මට දේවයනි, තමුන්නාන්සේගේ කඩුවත් ඕනෑ."

"ඒ මක්කටෙයි?"

"දේවයනි, ඔය අමනුස්සයෝ ආයුධ අතින් ගත් අයට භයයිලු. ඒ නිසා."

"හෝ... ඒකත් හරි... තව මොනාද ලැබෙන්ට ඕනෑ?"

"ඇයි... දේවයෙනි... රන් බඳුනට පුරෝලා දෙන්ට තමුන්නාන්සේ අනුභව කරන ජාතියේ භෝජනයක්."

"හෑ... ඒවගේ හොඳ රස බොජුනක් මක්කටෙයි?"

"දේවයනි... මං වාගේ නුවණැති පුරුෂයෙක් ඔතනට යද්දි මැටි භාජනේක නීරස බතක් හදාගෙන යන එක ගැලපෙන්නේ නෑ."

"හරි පුත්‍රය... උඹ හරි... මං උඹ ඉල්ලාපු ඒ හැම දෙයක් ම දෙනවා" කියලා ඒ සියල්ල ලබා දුන්නා. එතකොට බෝධිසත්වයෝ මෙහෙම කිව්වා.

"මහරජ්ජුරුවන් වහන්ස, භය ගන්ට කාරි නෑ. මං අද ගොහින් ඔය යකාව දමනය කරලා හිටං තමුන්නාන්සේට යහපත සලස්සන්නම්" කියලා රජ්ජුරුවන්ට වන්දනා කොට තමන් ඉල්ලා සිටි සියලු දේත් රැගෙන පිටත් වුණා.

තමන් සමඟ ආ මිනිසුන්ට නුගරුකට දුරින් ඉන්ට කිව්වා. රජ්ජුරුවන්ගේ රන් මිරිවැඩි තමන් පැළඳ ගත්තා. කඩුවත් ඉනේ රුවාගත්තා. සුදු කුඩේ උඩට ඉහලගත්තා. රන් බඳුනට බත් පුරවා ගත්තා. හොඳ සීරුවෙන් නුග රුක ළඟට පිටත් වුණා. නුග රුකේ උන්නු යකා මග බලාගෙන හිටියේ.

'හෑ... මේ එන මිනිහා නං වෙනදා වගේ බයාදුවට එන එකෙක් නොවෙයි. මේකා එන හැටියට නං අමුතු ගමනක් වගෙයි. හොඳයි බලමු බලමු' කියා සිතා බලාගෙන හිටියා.

බෝධිසත්වයෝත් නුගරුක ළඟට ම කිසි භයක් නැතිව ගියා. හොඳ සිහියෙන් යුක්තව බත් බඳුන බිමින් තියලා තමන් ඉහලාගෙන උන් කුඩ ඡායාවෙන් මෑත් කොට නුගරුකේ සෙවණැල්ලට අහුවෙන විදිහට කඩු තුඩෙන් බඳුන හෙමින් හෙමින් තල්ලු කළා. මේ ගාථාව කිව්වා.

(1)

මේ නුගරුක විමනෙ ඉන්න මඛාදේව දෙවියනේ
මස් රසයෙන් යුතු රසවත් බතක් තොපට පිසිමිනේ
එව්වේ අප රජතුමා ය තොප වෙත බැති වඩමිනේ
පෙරට ඇවිත් වළඳිනු මැන බත තොපට ය දෙවියනේ

එතකොට මඛාදේව යක්ෂයා මෙහෙම හිතුවා. 'හෝ... එහෙනම් මේකාගේ ලේස්තිය මට බත් ගෙඩිය විතරක් දීලා යන්ට ඒ? ඒවා කොහේද මාත් එක්ක. මං නොවැ දන්නෙ තෝවත් බිල්ලට ගන්න විදිහ.' මෙහෙම සිතා යක්ෂයා මේ ගාථාව පැවසුවා.

(2)

මස් රස ඇති නිති මගෙ බත මෙහෙට අරං වර
එම්බල තරුණය තෝ දැන් ඔතන නොසිට වර
බත පමණක් නොවේ තෝත් වේය මගේ ගොදුර
දෙකම කන්ට වරම් තිබේ ඉතින් ළඟට වර

එතකොට බෝධිසත්වයෝ යක්ෂයාට මේ ගාථාවන්ගෙන් පිළිතුරු දුන්නා.

(3). යකෝ නුඹට වැරදිලා ය -
දන්නෙ නැද්ද තෝ මේ ගැන
කුඩා දෙයක් නිසා තොපට -
මහ දෙය නැති වෙන්නට යන
මාවත් බිල්ලට ගත් බව -
දැනගත් විට මෙහි හැම දෙන
ආයෙ එන්ට කවුරුත් නෑ -
තොප හට මෙහි කෑම රැගෙන

(4). නිතිපතා ම මස් රස ඇති -
බතක් නුඹට ලැබෙනවානෙ
එය දිගට ම තොප ලබන්නෙ -
මං නොමැරී සිටියොතින්නෙ
එහෙව් මාව බිලිගත් විට -
කවුද කෑම රැගෙන එන්නෙ
දැන්වත් පොඩියක් සිතපං -
තොටත් නුවණ තියෙනවානෙ

මේ ගාථා කියා මෙයත් පැවසුවා. "මේ... යකෝ... ටිකාක් සිතා බලාපං... දැන් තෝ මාව බිලි ගත්තොත් ආයෙත් නං තොපට බත් ගේන්ට කවුරුත් නෑ ඕං. මේ මුළු බරණැසට ම මං වගේ නුවණැත්තෙක් නෑ. මිනිස්සු කියාවි 'අයියෝ අපගේ සුතනු පණ්ඩිතයන්වත් යකා කෑවා නං අපට මක්කා කරාවි ද' කියාලා. එහෙම වුණොත් තොපට අද පටන් කෑමක් නෑ හරි ය. ඒ වගේ තොපට අපේ රජ්ජුරුවන්ව බිලිගන්ට ලැබෙන්නෙත් නෑ. හැබැයි තෝ මේ බත් ගෙඩිය කොටා බාලා මාව නිදහස් කළෝතින් රජ්ජුරුවන්ට කියාලා හැමදාම තොපට බතක් එවඤ්ඤං.

අනික තොට මාව බිලිගන්ට වරම් නෑ. මේ බලාපිය... මං ඉන්නෙ තොප සන්තක භූමියේ නොවේ. මං ඉන්නේ පාවහන් දමාගෙන. ඒ වගේම මං ඉන්නේ තොපගේ රුක් සෙවනේ නොවේ. මං ඉන්නේ මේ උසුලාගත් කුඩයේ සෙවනේ. ඒ වගේම තෝ මට විරුද්ධව ආවොත් පේනවා නේ මයෙ අතේ තියෙන්නෙ මොකක්ද කියලා. මේ කඩුවෙන් තෝ දෙබෑ කරලා දානවා" කියලා යකාව හොඳට ම භය ගැන්නුවා. එතකොට යකා පැහැදුනා. 'හැබෑ නේන්නම්. මේ කොලු ගැටයා

කියන්නෙ හිතිය යුතු දෙයක් තමා' කියා මේ ගාථාවන් පැවසුවා.

(5)

අනේ මගේ සුතනු කොල්ලො -
තෝ කීවේ හරි දෙයක් ය
එය මා පිළිගත්තු නිසා මටත් එයින් සෙත සැදේ ය
මං ඒ ගැන සිහි කෙරුවා තොපට නිදහසත් ලැබේ ය
එහෙනම් සුවසේ තොප ගොස් -
මච් බැහැදැක්කොත් අගේ ය

(6). කොල්ලෝ තොප ගෙනා කඩුව -
හා කුඩය ද රැගෙන ගොසින්
මේ රන් තලියත් එසේ ම -
ආපසු තොප රැගෙන ගොසින්
ගෙදරට ගිය විට තොප දැක -
මවත් ඉපිල යයි සතොසින්
තෝත් මච් බලා සුවසේ -
හිටිං ගෙදර සිත සතුටින්

යකාගේ සිත හොඳ අතට හැරීම ගැන බෝධිසත්වයෝ ගොඩාක් සතුටු වුණා. 'මගේ වචනයට යකාත් අවනත වුණා. මට බොහෝ ධනයත් ලැබුණා. රජ්ජුරුවන්ට වූ පොරොන්දුවත් ඉටු කළා' කියා සතුටු වුණා. යකාට ස්තුති කරමින් මේ ගාථාව පැවසුවා.

(7)

අනේ යකෝ තෝ මෙනිසා නිතියෙන් සුවපත් වෙලා
තොපගේ නෑ පිරිවර හා සැපයට පත්වනු මැනේ
මා හට ධනයත් ලැබුනා, රජුට කියපු දෙය එලෙස ම
කරන්ටත් හැකි වුණ මට අමුතු ම සතුටක් දැනේ

මෙහෙම කී විට යකාත් හොඳට ම පැහැදුණා. එතකොට බෝධිසත්වයෝ යකාත් එක්ක තවදුරටත් කතා කළා. "අනේ යකෝ... මං කියන දේ පොඩියක් අහන්ට. දැන් බලන්ට... ඔයා සෑහෙන්න පව් කරගෙන නොවැ ඉන්නෙ. අනුන්ගේ ලේ මස් කන යක්ෂ ආත්මයක් ලබාගෙන බලන්ට ඔයැයිට වෙච්චි දේ. අනේ යකෝ... ඕං... ඔයා බෑ කියන්ට බෑ. අද පටන් සතුන් මැරිලි බෑ... හරි...! ඒවා මහා බරපතල පව්..." කියලා බෝධිසත්වයෝ යකාව පන්සිල් රකින්ට කැමති කරවා ගත්තා.

"හරි... බොහෝම හොඳා... දැන් ඔයා මගේ මිතුරෙක් නොවැ. දැන් මක්කටෙයි මේ බැද්දට වෙලා. අපි යං... මං ඔහේව නගරද්වාරයේ දේවාලයක නවත්තන්නම්. දිනපතා ප්‍රණීත බත් පළතුරු ලබාගෙන ඒවායින් සතුටු වෙන්ට හොඳේ." යකා ඒ හැම දේට ම කැමති වුණා. "හරි එහෙනම්... ඔහේ මේ කඩුව ගන්ට. හරි... දැන් කුඩේ මගේ ඉහට උඩින් ඕං ඔහෝම අල්ලා ගන්ට. හරි... දැන් මේ තලියත් අතට ගන්ට... හරි... දැන් යමු" කියලා පිටත් වුණා.

සුතනු මානවක යකා දමනය කරලා නගරයට එක්කරගෙන එනවා කියලා රජ්ජුරුවන්ට සැලවුණා. රජ්ජුරුවෝ ඇමතිවරු පිරිවරාගෙන බෝධිසත්වයන්ට පෙර ගමන් ගියා. යකාව නගරද්වාරයේ නවත්වා දේවාලයක් හදා දුන්නා. ඊට පස්සේ රජ්ජුරුවෝ නගරවැසියන් රැස්කරවා බෝධිසත්වයන්ගේ ගුණ කියා සේනාධිපති ධානාන්තරය දුන්නා. බෝධිසත්වයන්ගේ අවවාද අනුව රාජ්‍ය පාලනය කොට මරණින් මතු දෙවියන් අතර උපන්නා.

මහණෙනි, එදා බෝධිසත්වයෝ මව් පිය උපස්ථානය මුල් කොට බොහෝ දෙනාට සෙත සැලසුවා" කියා වදාරා චතුරාර්ය සත්‍ය ධර්මය වදාළා. ඒ දේශනාව අවසානයේ මව්පිය උවටැන් කළ භික්ෂුව සෝවාන් ඵලයට පත් වුණා.

"මහණෙනි, එදා මඛාදේව යක්ෂයා වෙලා සිටියේ අපගේ අංගුලිමාලයෝ. රජ්ජුරුවෝ වෙලා සිටියේ අපගේ ආනන්දයෝ. සුතනු මානවක වෙලා සිටියේ මම" යි කියා භාග්‍යවතුන් වහන්සේ මේ ජාතකය නිමවා වදාළා.

04. ගිජ්ඣ ජාතකය

මව්පිය උවටැන් කළ බෝසත් ගිජුලිහිණියාගේ කතාව

පින්වතුනේ, පින්වත් දරුවනේ,

මෙයත් මව්පිය උපස්ථානය ගැන කියවෙන ලස්සන කතාවක්. ඒ දිනවල අපගේ භාග්‍යවතුන් වහන්සේ වැඩ වාසය කොට වදාළේ සැවැත් නුවර ජේතවනයේ. ඒ දිනවල සැවැත් නුවර සිටි භික්ෂුවක් පිඬු සිඟා ලත් දානයෙන් කොටසක් අනාථව අසරණව සිටින මව්පියන්ට දී පෝෂණය කළා. කලින් කතාවේ වගේ ම මේ භික්ෂුව ගැනත් පැතිරුනේ පිඬු සිඟා ලත් දානයෙන් ගිහියන්ව පෝෂණය කරනවා කියලයි. භාග්‍යවතුන් වහන්සේටත් මෙකරුණ දැනගන්ට ලැබුණා. එතකොට භාග්‍යවතුන් වහන්සේ ඒ භික්ෂුව කැඳවා එකරුණෙහි සත්‍ය අසත්‍යතාව විමසා වදාළා.

"අනේ ස්වාමීනී භාග්‍යවතුන් වහන්ස, මං පිඬු සිඟා ලත් බොජුනෙන් කිසිම පිටස්තර ගිහියෙක්ව පෝෂණය කරන්නේ නෑ. මයෙ දෙමාපියෝ සලකන්ට කෙනෙක් නැතිව අනාථව අසරණව ඉන්නවා. ඉතින් මං බඹසරට ඇති කැමැත්ත නිසා පිළිවෙතේ යෙදෙන ගමන් පිඬුසිඟාලත් දෙයින් කොටසක් මව්පියන්ට දී ඔවුන්වත් රැකබලා ගන්නවා."

"සාධු... සාධු... භික්ෂුව... බොහෝම හොඳයි. මව්පියන්ට සලකන්ට කාත් කවුරුත්ම නැති අවස්ථාවක දරුවෙක් වශයෙන් ඉදිරිපත් වී කරන උපස්ථානය බොහෝ හොඳයි. මහණෙනි, පෙර සිටිය නුවණැත්තෝ ඔය විදිහමයි. තම අන්ධ දෙමාපියන්ට ආදරයෙන් ඇප උපස්ථාන කළා" කියා මේ අතීත කතාව ගෙනහැර දක්වා වදාළා.

"මහණෙනි, ගොඩාක් ඉස්සර කාලෙක බරණැස්පුරේ බ්‍රහ්මදත්ත නම් රජ්ජුරු කෙනෙක් රාජ්‍ය විචාරමින් සිටියා. ඔය කාලේ මහාබෝධිසත්වයෝ ගිජුලිහිණි යෝනියේ ඉපදිලා සිටියේ. ඉතින් මේ ගිජුලිහිණියා වයසින් මුහුකුරා යද්දී තමන්ගේ මව්පිය ගිජුලිහිණියන්ගේ දෑස් නොපෙනී ගියා. එතකොට මේ ගිජුලිහිණියා තමන්ගේ මව්පියන්ව ගිජුලිහිණි ගුහාවේ නවත්වලා තමන් තැන් තැන්වල ගිහින් මස් ගෙනැවිත් දීලා පෝෂණය කරනවා.

ඔය කාලේ බරණැස සිටිය එක්තරා වැද්දෙක් 'සාමාන්‍යයෙන් ගිජුලිහිණියන් තොණ්ඩුවලට අහුවෙන්නේ නෑ, කෝකටත් බලමු' කියා අවිශ්වාසෙට වාගේ සොහොනට මස් කන්ට එන ගිජුලිහිණියෙක්ව අල්ලා ගන්ට හිතාලා තොණ්ඩුවක් ඇටෙව්වා.

එදා බෝසත් ගිජුලිහිණියා මැරී සිටින ගවයන්ගේ මස් සොයන්ට සොහොනට බැස්සා. සොහොනේ ඇවිද යද්දී තමන්ගේ පාදයක් අර තොණ්ඩුවට හසු වුණා. එතකොට ම ගිජුලිහිණියාට මතක් වුණේ තමන්ගේ අන්ධ දෙමාපියෝ 'අයියෝ... දැන් ඉතිං මයෙ අසරණ මාපියන් තවත් අසරණ වෙනවා. දැන් ඒ ඇත්තෝ ජීවත් වෙන්නේ

කොහොමද? මාව මෙහෙම අහුවෙච්චි බව නොදැනම කන්ට බොන්ට නැතිව අනාථව වේලිලා මැරී යාවි. අයියෝ!' කියා මව්පියන්ට වන විපත සිහිකොට මහා හඬින් වැලපෙමින් මේ ගාථාව පැවසුවා.

(1). අයියෝ මගෙ වයසක දෙමාපියෝ -
දැන් මොකද කරන්නේ
පර්වත කුහරයට වෙලා කුසගින්නේ -
එයාලාට මැරෙන්ට වෙන්නේ
නිලීය නම් වැද්දාගේ තොණ්ඩුවෙ නොවැ -
මං හිර වී හසු වී ඉන්නේ
දැන් මා හට කැමැති දෙයක් කර දමන්ට -
මේකා හට නං හැකි වන්නේ

ගිජුලිහිණියා මහා හඬින් විලාප දෙනවා ඇසී වැද්දා එතැනට දුවගෙන ආවා. "හෑ... හරි පුදුමයි නොවැ... මේකා මේ මනුස්ස භාෂාවෙන් නොවැ මොනවාදෝ කිය කියා හඬා වැලපෙන්නේ" කියා මේ ගාථාව පැවසුවා.

(2). අනේ ඇයි ද ගිජුලිහිණිය, -
තොප මේ හැටි හඬා වැටෙන්නේ
මේ තරමට වැලපෙන්නට -
තොට සිදූ වූ විපත කියාපන්නේ
මිනිස් බසින් කතා කරන කිසිම කුරුල්ලෙක් -
ගැන නං නැත මං දන්නේ
අහලාවත් දැකලාවත් නැති තොප දැන් -
මිනිස් බසින් නොවෙද කියන්නේ

එතකොට බෝසත් ගිජුලිහිණියා නිලීය වැද්දාට මේ ගාථාව පැවසුවා.

(3). වයසක මගෙ දෙමාපියෝ -
පර්වත කුහරේ තනි වී බලා සිටින්නේ
මමයි කෑම රැගෙන ගොසින් එයාලාට -
කවා පොවා රැකගෙන ඉන්නේ
තොණ්ඩුවකට සිරවීමෙන් මං දැන් -
තොපගේ වසඟෙට පත්ව සිටින්නේ
එනිසයි මං වැලපෙන්නේ -
අනේ මගේ මව්පියන්ට මොනවද වෙන්නේ

එතකොට නිලීය වැද්දා ගිජුලිහිණියාගෙන් මේ ගාථාව අසමින් මෙසේ ප්‍රශ්න කළා.

(4). සියක් යොදුන් තිබෙනා මළකුණක් පවා
ගිජුලිහිණියන්ට ඉතා හොඳින් පෙනෙනා බව
මං අසා තියෙනවා
ඇයි ද එහෙත් මෙහි දැලකුත් තොණ්ඩුවක්
අටවා ඇති බව නොදැක ම තොප පැටලෙනවා
තියුණු දෑස යුතු ඇයි තොප මේක නොදැක්කේ

වැද්දාගේ මේ ප්‍රශ්නයට පිළිතුරු දෙමින් බෝසත් ගිජුලිහිණියා මේ ගාථාව පැවසුවා.

(5)

ඒක එහෙම තමා ලොවේ මෙහෙම දෙයක් -
දැනගන්නට හොඳින් තියෙනවා
යම් කෙනෙකුගෙ ජීවිතයේ අවසානය -
ළං වූ විට හැම දේ නැති වෙනවා
දැලත් තොණ්ඩුවත් දෙකට ම මං -
අසුවන තුරුම මටත් නොපෙනී යනවා

එතකොට වැද්දාට ගොඩාක් දුක හිතුණා. වැද්දා

ගිජුලිහිණියාව තොණ්ඩුවෙන් නිදහස් කරන්ට තීරණය කළා. ඉතින් තොණ්ඩුවෙන් ගිජුලිහිණියාව නිදහස් කරමින් මේ ගාථාව ආදරයෙන් පැවසුවා.

(6). ගිජුලිහිණිය එහෙනම් ඔබ නැවත ගොසින්
පර්වත කුහරේ වසනා වයසක ඔබෙ මාපියන්ට
කලින් වගේ කන්ට බොන්ට දී රැකපන්නේ
තොප පැවසූ හැම දෙයක් ම මටත් වැටහුනා
සුවසේ ගොස් නෑදෑයන්වත් බලපන්නේ

තොණ්ඩුවෙන් නිදහස් වූ ගිජුලිහිණියා වැද්දාට ස්තුති කරමින් මේ ගාථාව පැවසුවා.

(7). පර්වත කුහරේ වසනා වයසක මගෙ මාපියන්ට
කන්ට බොන්ට දී රැකගෙන සතුට ලබනවා මං
මං ලෙසින් ම ඔබත් ඉතින් වැද්දාණෙනි
ඔබේ සියලු නෑයන් හා සතුටින් ම වසනු මැන

කියා නිදහසේ ගිහින් මුව පුරා ගවමස් රැගෙන පියාඹා ගියා. මාපියන්ට කවා පොවා සතුටට පත් වුණා.

මෙය වදාළ භාග්‍යවතුන් වහන්සේ චතුරාර්ය සත්‍ය ධර්මය වදාළා. ඒ ධර්ම දේශනාව අවසානයේදී මව්පිය උපස්ථානයේ යෙදුන භික්ෂුව සෝවාන් ඵලයට පත්වුණා.

"මහණෙනි, එදා නිලීය වැද්දා වෙලා සිටියේ අපගේ ඡන්න. ගිජුලිහිණියාගේ දෙමාපියන්ව සිටියේ ශාක්‍ය රාජකුලයේ මව්පියන්. ගිජුලිහිණි රාජයාව සිටියේ මම" යි කියා භාග්‍යවතුන් වහන්සේ මේ ජාතකය නිමවා වදාළා.

05. දබ්භපුප්ඵ ජාතකය

කුසතණමල් පැහැගත් හෙයින් දබ්භපුෂ්ප නැමැති හිවලාගේ කතාව

පින්වතුනේ, පින්වත් දරුවනේ,

අනුන්ව මුලාවට පත් කොට, රවටා, නොමග යවා ඒ තුළින් ලාභ උපදවන්ට කල්පනා කිරීම කිසිසේත් ම කරන්ට හොඳ නෑ. එය ඉතාම නරක පුරුද්දක් හැටියට සසරට බලපානවා. මෙය එබඳු කතාවක්.

ඒ දිනවල අපගේ භාග්‍යවතුන් වහන්සේ වැඩ වාසය කොට වදාළේ සැවැත් නුවර ජේතවනයේ. ඔය කාලයේ ශාක්‍ය වංශයෙන් පැවිදි වූ උපනන්ද නම් භික්ෂුවත් වාසය කළේ ජේතවනයේ. අල්පේච්ඡතාවය කියන්නේ අඩු අවශ්‍යතාවයන්ගෙන් යුක්ත බවයි. සන්තුට්ඨිතාව කියන්නේ තමන්ට ලැබෙන දෙයකින් සතුටු විය හැකි බවයි. නමුත් උපනන්ද භික්ෂුව මේ උතුම් ගුණධර්ම අත්හැර ඒ වෙනුවට ලේසියෙන් සතුටු කරන්ට බැරි මහා ආශාවන් ගොඩාක් ඇති කරගත්තා.

වස් කාලෙ ආ විට කීප පොලකම වස් වසනවා. ඒ මෙහෙමයි. ඔන්න එක විහාරෙකට යනවා. ඕං මං වෙනුවෙන් මයෙ කුඩේ තිබ්බා කියලා එහි කුඩේ තියනවා. තව විහාරෙකට ගිහිං තමන් වෙනුවෙන් සෙරෙප්පු දෙක

තියනවා. තව විහාරෙකට ගිහිං හැරමිටිය තියනවා. තව විහාරෙකට ගිහිං පැන් කොතලෙ තියනවා. තව තැනකට ගිහිං තමන් ම වස් වසනවා. වස් කාලෙ ඇතුලත පිටිසර පළාත්වල භික්ෂූන්ට "ඇවැත්නි, අල්පේච්ඡ වෙන්න, ලද දෙයින් සතුටු වෙන්න, සිව්පසයට ඇලී විසීම නරක දෙයක්, නොඇලීම යි හොඳ" කියා අරියවංශ ප්‍රතිපදාවත් කියනවා. අරියවංශ ප්‍රතිපදාව කියන්නේ උතුම් කරුණු හතරක් සමාදන් වීමයි. (1). ලද සිවුරෙන් සතුටු වීම. (2). ලද දානයෙන් සතුටු වීම. (3). ලද කුටියෙන් සතුටු වීම. (4). භාවනාවෙන් යුක්තව සිටීමත් යන මෙයයි.

උපනන්ද භික්ෂුවගේ අවවාදයට කැමැති වන භික්ෂූන් වහන්සේලා තමන්ට ලැබෙන වටිනා පාත්‍රා සිවුරු ආදිය අත්හරිනවා. මැටි පාත්තර, පාංශුකූල සිවුරු දරන්ට පෙළඹෙනවා. එතකොට උපනන්ද භික්ෂුව තමන් සිටි තැනට එද්දී කරත්තයක අළුත් පිරිකර පටවාගෙන එනවා. දවසක් ඔහොම පිරිකර පටවාගෙන එද්දී එක්තරා විහාරයක පිටුපසින් යද්දී පාරේ තියෙන වැල් පොටක් පයේ පැටලුනා. එතකොට මෙහෙම හිතුවා. 'හෝ... මේක නම් මේ පන්සලෙනුත් මොකවත් ලැබෙන බවට ලකුණක්' කියා සිතා එතැනටත් ගොඩ වුණා.

ඒ පන්සලේ වයසක භික්ෂූන් දෙනමක් වස් වසා සිටියා. ඔවුන්ට ලොකු සළු දෙකකුයි ඉතා සිනිඳු වූ වටිනා කම්බිලියකුයි ලැබිලා තිබුණා. මේ පිරිකර තුන සමානව බෙදාගන්ට බැරිව සිටිද්දියි උපනන්ද භික්ෂුව එතැනට ගොඩ වුණේ. උපනන්ද තෙරුන් දුටු ගමන් මහලු වයසේ පැවිදි වූ අර දෙනම ගොහින් මෙහෙම කිව්වා.

"හප්පේ ස්වාමීනී, ඔබවහන්සේ වැඩිය එක ලොකු දෙයක්. අනේ ස්වාමීනී, අපට මේ මහත සළු දෙකකුයි,

මේ වටිනා සියුම් කම්බිලියකුයි ලැබුණා. අනේ මේක අපට සුදුසු විදිහට බෙදා දෙන්ට."

"ඕ... කෝ... මේ දෙන්ට බලන්ට" කියලා ඒ පිරිකර තුන ම අතට ගත්තා. අරගෙන මේ විදිහට බෙදුවා.

"හරි... මේ එක මහත සලුවක් ඔහේට... හරි... ම්... ඊළඟට මේ මහත සලුව ඔහේට. දැන් මේ සියුම් කම්බිලිය ඉතුරු වුණා. මේ ඇවැත්නි, මෙවැනි දේ ගැලපෙන්නේ විනයධර වූ අපටයි. දැන් හරි නොවැ" කියලා වටිනා කම්බිලියත් අරගෙන පිටත් වුණා. නමුත් අර වයසක දෙනමගේ සිතේ කැමැත්ත තිබුණේ ඒ කම්බිලිය බෙදා ගන්ටයි. ඒ දෙනමත් වැඩේ නැවැත්තුවේ නෑ. උපනන්ද තෙරුන්ගේ පස්සෙන් ම ජේතවනයට ආවා. ඇවිදින් විනයධර භික්ෂූන් වහන්සේලා මුණගැසී තමන්ගේ අවනඩුව පැහැදිලි කළා.

මේ කිසිවක් නොදත් භික්ෂූන් වහන්සේලා උපනන්ද තෙරුන් තමන්ගේ කුටියට කරත්තයක පටවාගෙන ආ පිරිකර බාන හැටි දැක මෙහෙම කිව්වා.

"හා... අපගේ උපනන්දයෝ මහා පිනැතියෙක් නොවැ. ඇවැත... ඔබට සෑහෙන්ට වටිනා පිරිකර ලැබිලා නේද?"

"අනේ ඇවැත්නි, මට මේවා ලැබුනේ පිනකට නොවේ. මං උපායශීලීව කටයුතු කිරීමෙනුයි."

එය ඇසූ භික්ෂූන් වහන්සේලා මහත් සංවේගයට පත් වුණා. දම්සභා මණ්ඩපයට රැස්වූ භික්ෂූන් වහන්සේලා උපනන්ද තෙරුන්ගේ ක්‍රියාකලාපය ගැන අපැහැදීමෙන් යුක්තව කතා කරමින් සිටියා. ඒ අවස්ථාවේ අපගේ

භාග්‍යවතුන් වහන්සේ එතැනට වැඩම කොට වදාළා. භික්ෂූන් වහන්සේලා තමන් කතා කරමින් සිටි කරුණ භාග්‍යවතුන් වහන්සේට සැලකළා. භාග්‍යවතුන් වහන්සේ මෙසේ වදාළා.

"මහණෙනි, ඔය උපනන්ද අනුන්ට අවවාද කර කර තමන් මහාලෝභීව වාසය කරන්නේ මේ ආත්මයේ විතරක් නොවෙයි. මීට කලින් ආත්මෙකත් අනුන්ට හිතවත්ව වගේ ප්‍රශ්න විසඳන්ට මැදිහත් වෙලා ඔවුන් සතු දේ පැහැර ගත්තා" කියා මේ අතීත කතාව ගෙනහැර දක්වා වදළා.

"මහණෙනි, ගොඩාක් ඉස්සර කාලෙක බ්‍රහ්මදත්ත නමින් රජ්ජුරු කෙනෙක් රාජ්‍ය විචාරමින් සිටියා. ඔය කාලයේ බෝධිසත්වයෝ ගං තෙරේ වෘක්ෂයක දේවතාවෙක් වෙලා උපන්නා. ඔය දවස්වල ඔය ගං තෙරේ ම එක්තරා පඳුරක් අස්සේ හිවලෙක් වාසය කළා. මේ හිවලාට මායාවී නමින් හිවල් බිරිඳකුත් සිටියා. දවසක් හිවලී හිවලාට මෙහෙම කීවා.

"අනේ මෙයා... මේ... ඔයැයි දන්නවැයි... ම... මට... දොළදුකක් හැදිලා අනේ තියෙන්නේ."

"ඉතින්?"

"ඉතින් නොවේ... දොළක් හැදුනාම ඒක මග අරින්ට නාකයි... ඒකයි මං කීවේ."

"ඉතින්... කියහංකෝ... දොළ මක්කදැයි කියාලා."

"ඉතිං... මෙයා... මං හරී ආසයි අනේ රෝහිත මාළුවෙකුගේ මස් කන්ට."

"ඉතින්."

"හත්... ඔය... ඉතින්ලු... මං කීවේ... කුණුමසක් ගැන නොවේ... මං කීවේ අනේ මට ඕනෑ හොඳ අමුවට අළුත් මාළු."

"හෝ... අළුත් මාළු නේ... හ්ම්... කලබොල නොවී හිටිංකෝ... මං කොහෝම හරි ඔහේගේ දොළ සංසිඳුවන්නම්" කියලා ගං තෙරේ ඇවිද ඇවිද යද්දි හිවලාගේ පාදයක් වැල්පොටක පැටලුනා. එතකොට හිවලා එහෝම ගං තෙරේ දිගට ම ගියා.

ඔය ගං තෙරේ ම ගම්භීරචාරී, අනුතීරචාරී කියලා දියබල්ලෝ දෙන්නෙක් ඉන්නවා. ඒ දෙන්නාත් මාළුන් අල්ලන්ට හිතාගෙන ගං තෙරට ආවා. ගම්භීරචාරී දැක්කා ලොකු රෝහිත මාළුවෙක් ගඟේ පීන පීන ඉන්නවා. දැක්ක ගමන් සැණෙකින් ගං දියට වැදිලා ඒ මාළුවා අල්ලගන්ට හදනකොට වලිගය අහුවුණේ. එතකොට ඔහු දැඩිකොට මාළු වලිගය අල්ල ගනිද්දි විශාල මාළුවා ජලය කළඹමින් දඟලන්ට පටන් ගත්තා. එතකොට ගම්භීරචාරී දියබල්ලා අනිකාට කෑ ගසා මෙහෙම කිව්වා. "අරේ... අපි දෙන්නාට ම සෑහෙන මාළු තඩියෙක් අහු වුණා. හනිකට උදව්වට වරෙන්" කියා මේ පළමු ගාථාව පැවසුවා.

(1). **අනේ මගේ පින්වත් අනුතීරචාරි**
මා පස්සෙන් හනික ඇවිත් උදව් කරපන්නේ
මං අල්ලා ගත්තා මහ මාළුතඩියෙකුව
දැන් හරි වේගෙන් ඒකා මාවත් ඇදගෙන යනවෝ

මෙය ඇසූ අනුතීරචාරී දුවගෙන ඇවිත් වතුරට පනිමින් මේ ගාථාව පැවසුවා.

(2). පින්වත් ගම්භීරචාරියෝ
හොඳ හැටි හයියෙන් ඒකව අල්ලා ගනියෝ
ගුරුළු රජෙක් නයි මොටෙකුව උඩට ගන්න ලෙස
මං ඒකව ජලයෙන් පිටතට අරගන්නං

මෙහෙම කියලා දෙන්නාම එකතු වෙලා ලොකු රෝහිත මත්සායාව ජලයෙන් ගොඩට අරගත්තා. මාළුවාව මරාගත්තා. නමුත් මේ මාළුවාව දෙන්නාට දෙකට බෙදාගන්ට බැරිව "උඹ බෙදපං... මට බෑ..." "මටත් බෑ... උඹ බෙදපං..." කියමින් කෝලාහල කරගනිමින් වාඩිවෙලා සිටියා. ඔය අතරේ එතැනට හිවලා ආවා. එතකොට දියබල්ලෝ දෙන්නාම හිවලාට පෙර ගමන් ගියා. "යාළුවා දබ්භපුෂ්ප, මේ අහපං. ඔය මාළුවා අපි දෙන්නාම එකතු වෙලයි ගොඩට බා ගත්තෙ. නමුත් මේක බෙදාගන්ට විදිහක් නැතිව අපි දෙන්නා අතරේ රණ්ඩුවක් ඇති වුණා. අනේ ආයුබෝවන්ඩ, මේ මාළුවාව අප දෙන්නාට සමසේ බෙදලා දීපං" කියලා මේ ගාථාව පැවසුවා.

(3)

කුසතණ මල් පැහැගත් අපගේ දබ්භපුෂ්පයාණෙනි
මේ නඩුව අපේ හොඳින් අසාපන්නේ
මේ මාළුව නිසා අපි අතරේ විවාදයක් ඇති වුණා
අපගේ මේ කෝලාහලය සංසිඳුවනු මැන
අප අතරේ ඇති වාදේ සමථයකට පත් වේවා!

එතකොට හිවලා හොඳට දෑස් ලොකු කරලා මාළුවා දිහා බැලුවා. ආයෙමත් අහක බලාගත්තා. තමන්ට මාළුවෙකුගේ කිසිම ඕනෑකමක් නැතිව වගේ පෙන්නලා තමාව හුවා දක්වා ගනිමින් මෙහෙම ගාථාවකින් පැවසුවා.

(4)

බොහෝ කල් පටන් දහමේ පිහිටා මං -
ඉන්නා බව තොප දන්නවා ඇතේ
මෙවැනි නොයෙක් නඩු හබ නං -
කොතෙකුත් වර හරි අගේට විසඳලා ඇතේ
තොපගේ ඔය කෝලාහලය සංසිඳුවා දෙමි මම
තොප අතරේ ඇති වාදේ සමථයකට පත් වේවා!

ඊට පස්සේ නරියා දෙන්නාගේ විස්තර ඇසුවා. එක්කෙනෙකුට ඉවුරේ හැසිරෙන නිසා අනුතීරචාරී කියනවා. අනිකා ගැඹුරු දියේ හැසිරෙනවා යන අරුතින් ගම්භීරචාරී කියනවා. ඊළඟට ඒ දෙන්නා එකතු වෙලා දඩයම කරපු ආකාරයත් අසා ගත්තා. ඊළඟට "ඕං... එහෙනම් මාගේ විනිශ්චය අසාගනිං" කියා මේ ගාථාව පැවසුවා.

(5)

මං දැන් දැනගත් කරුණු අනුව අනුතීරචාරියාට
මේ මාළුවාගේ නගුට කොටස ලැබීම නම් යුතු ම යි
පළමුකොට ම මාළුවාව ගම්භීරචාරි ගත් නිසා
මාළුවාගේ හිස කොටසට හිමිකම් කියනව ම යි
කලහය සංසිඳුවා මේ නඩුව මෙසේ විසඳුවාට
විනිසුරු වූ මට ම මාළුවාගේ මැද කොටසත් හිමි වෙයි

ඕං... දැන් හරි... දැන් එහෙනං හොඳේ තොපි දෙන්නා ආයෙම ලැබෙන කොටස් දෙකටවත් කෝලාහල නොකොට හොඳේ කාපං හරි..." කියලා නගුටත් හිසත් වෙන් කරලා මාළුවාගේ මැද කොටස කටින් ඩැහැ ගත්තා. මේ මොකදෑ අපට උනේ කියා දියබල්ලෝ දෙන්නා අන්දමන්දව බලා සිටිද්දී හිවලා කටින් ඩැහැගත්

මාළුවාගේ හොඳම හරිය ගෙන පලා ගියා. දහසකින් පැරදුනා වගේ දෙන්නා මූණ පුළුටු කරගෙන වාඩි වෙලා මේ ගාථාව පැවසුවා.

(6)

අපි දෙන්නා රණ්ඩු හදාගන්නෙ නැතිව හිටියා නං
අපූරුවට මාළුවාව ටික දවසක් කන්නට තිබුනා
හිසත් නොමැති නගුට නොමැති -
මාළුවාගේ හොඳම හරිය
හිවල් මොටා කටින් රැගෙන ගියා නොවැ මෙදා

කටින් ඩැහැගත් මාළුවා ඇති හිවලා හිනා වෙවී ගියා. 'අද අපේ මායාවීට රෙහෙමස් කවන්ට පුළුවනි' කියා සතුටින් එනවා හිවලී දුරදීම දැක්කා. දැකලා සිය ආදර සැමියාව සතුටින් පිළිගනිමින් මේ ගාථාව පැවසුවා.

(7)

ඕ හෝ හෝ මෙන්න මෙන්න -
අළුතින් රටක් දිනූ රජෙක් වගේ
මහ සතුටින් හිනැහි හිනැහි -
අපේ එක්කෙනා ගෙදර එනවෝ
සතුට පිරී ගිය මුහුණින් සැමියා එන හැටි බලමින්
අද මාත් ඉන්නවා නෙ අනේ අමුතුම සතුටින්

හිවලිට මේක අදහා ගන්ට බෑ. අලුත්ම අලුත් මාළුවෙක්. හිසත් නෑ වලිගෙත් නෑ. කොහොමද මේ තරම් අලුත් මාළුවෙක් ලැබුනේ කියා ඈ පුදුමෙන් ඇසුවා.

(8)

ඔයා මේ ගොඩින් ඉඳන් -
ජලයේ පිහිනා යන මේ මාළුවා

අල්ලා ගත්තේ කොහොමෙයි කියාදෙන්නකෝ
අනේ ඉතින් හනිකට මට කියාදෙන්නකෝ
ලොවේ සිටින මා අදරැති හොඳම මිතුර
මේකා ලැබුනේ කොහොමෙයි කියාදෙන්නකෝ

එතකොට හිවලා හොඳට හරි බරි ගැසී වාඩි වුණා. තමන් මාළුවා ගත් හැටි කියන්ට මේ ගාථාව පැවසුවා.

(9)

මායාවී මේකෙ රහස දන්නවා ද ඔයා
රණ්ඩු කරන්නට ගියොත් ඒ නිසාම -
කෙට්ටු වෙන්ට වෙනවා
වාද විවාදෙට ගියොත් -
තමන්ගෙ ධනයත් වැනසී යනවා
දිය බල්ලෝ දෙදෙනට වාද කරන්නට ගොහින් -
මාළුවාව නැති උනේ
ඔයාට නං ඉතිං රෙහෙමස් තියෙනවා නෙ -
දැන් කන්න ඇති තරං

මායාවී, දිය බල්ලෝ දෙන්නෙක් එකතු වෙලා මේ මාළුවාව අල්ලා ගත්තේ. ඒකුන්ට තමන් අතට ගත් දේ පාඩුවේ කන්ට බැරිව සමව බෙදා ගන්ට ඕනෑ කියා රණ්ඩු අල්ල අල්ල හිටියා. ඉතිං මට කීවා නඩුව විසඳා දෙන්ට කියා. මං ඉතින් නඩුව විසඳා නඩු ගාස්තු වශයෙන් මයෙ කොටස ගත්තා. දැන් ඔයා හිතේ හැටියට කන්ට" කියා හිවලා සිය බිරිඳගේ දොළ දුක සංසිඳෙව්වා."

ඊට පස්සේ භාග්‍යවතුන් වහන්සේ වාද විවාදවල ඇති අනතුර පෙන්වමින් මේ ගාථාව වදාළා.

(10)

යම් තැනකදී මිනිසුන් අතරත් එලෙසින් -
ආරවුලක් ඇති වේ නම්
නඩුහබවල පැටලීගෙන ඒ කලහය ජයගන්නට -
විනිසුරුවො සොයනවා
ඔවුන්ගේ ආරවුල් නිවා ඒවා සංසිඳුවන්නට -
විනිසුරුවො පෙරට එනවා
තම තමන්ට ජයගන්නට ඒ විනිසුරුවන් වෙනුවෙන් -
ධනයත් නැති වෙනවා
සියල්ල අවසන් වන විට මහරජුගේ ගබඩාවත් -
එයින් ම තරවෙනවා

මෙය වදාළ භාග්‍යවතුන් වහන්සේ චතුරාර්ය සත්‍ය ධර්මය දේශනා කොට වදාළා. "මහණෙනි, එදා සිවලා වෙලා සිටියේ උපනන්ද භික්ෂුව. දියබල්ලෝ වෙලා සිටියේ ඒ මහලු දෙනම. ඔය සිදුවීම සියැසින් දුටු වෘක්ෂ දේවතාවා වෙලා සිටියේ මම" යි කියා භාග්‍යවතුන් වහන්සේ මේ ජාතකය නිමවා වදාළා.

06. දසණ්ණක ජාතකය

දසණ්ණක රටේ සැදූ කඩුව මුල්කොට රජෙකුගේ ශෝකය දුරු කළ අයුරු කියැවෙන කතාව

පින්වතුනේ, පින්වත් දරුවනේ,

යම් දෙයක් හෝ යම් කෙනෙක් අපේ ළඟ ඇත්ද එතකොට අපට ඒ ගැන වටිනාකමක් නොදැනෙන්ට පුළුවනි. එතකොට අපි ඉතා කැමැත්තෙන් ම එය තව කෙනෙකුට දෙන්ටත් පුළුවනි. නමුත් ඒ දුන් දේ අපට සදහටම අහිමි වේ යයි සිතූ විට එය නැවත අප සතුකරගන්ට සිතේ. එහෙත් එය නොලැබේ නම් මහා දුකක් හටගනී. එවන් දුකක් හටගත් කෙනෙකුගේ ශෝකය උපක්‍රමශීලීව දුරු කළ හැටි කියවෙන ඉතා ලස්සන කතාවකි මේ.

ඒ දිනවල අපගේ භාග්‍යවතුන් වහන්සේ වැඩ වාසය කොට වදාළේ සැවැත්නුවර ජේතවනයේ. ඔය කාලේ සිය බිරිඳට දන්වා ඇගේත් උපකාර ඇතිව පැවිදි වූ භික්ෂුවක් සිටියා. නමුත් ටික කලක් ගත වෙද්දී බිරිඳ අර භික්ෂුවට ගෙදර දොරේ ඇති නොයෙක් කරදර කම්කටොළු කියන්ට පටන් ගත්තා. සිවුරු හරවා ගෙන්වා ගැනීමේ අදහසින් නොයෙක් දේ කියන්ට පටන්ගත්තා.

මේ භික්ෂුවටත් ටික දවසක් යන විට බණ භාවනා කරගැනීමට, නිස්කලංකව ධර්මය සජ්ඣායනා කිරීමට අපහසු වුණා. බිරිඳ අසරණව සිටින ආකාරය ම මැවි මැවී පේන්ට පටන් ගත්තා. පැවිද්දට ඇති ඇල්ම නැති වුණා. මහා පීඩාවක් හටගත්තා. මේ භික්ෂුව මහත් පීඩාවකින් පසුවන බව දැනගත් භික්ෂූන් වහන්සේලා භාග්‍යවතුන් වහන්සේ වෙත කැඳවාගෙන ගියා. භාග්‍යවතුන් වහන්සේ ඒ භික්ෂුවගෙන් මෙසේ අසා වදාළා.

"හැබෑද භික්ෂුව... දැන් පැවිද්දට ඇල්මක් නැතිව පීඩාවකින් ඉන්නවා කියන්නෙ. සිවුරු හැර යන්ට ඕනෑ කියන්නෙ?"

"එහෙමයි භාග්‍යවතුන් වහන්ස."

"ඇයි භික්ෂුව ඔබට ඔහොම වුණේ? ඉතා හොඳින් මහණදම් පුරාගෙන නේද හිටියේ?"

"එහෙමයි ස්වාමීනී... එ... එහෙත්... මේ අපගේ ගෙදර... හා... හාමිනේ... අසරණ වෙලා... ඉතිං මං ක... කල්පනා කළේ ගිහි වෙලා ඇටත් උදව් කරගෙන පිං දහම් කරගෙන ඉන්න."

"භික්ෂුව... ඔය තැනැත්තී කවුද කියා ඔබ දන්නෙ නෑ. කලින් ආත්මෙක ඔබට මහා අනර්ථයක් කළ තැනැත්තියක්. ඈ නිසා උපන් මානසික ආබාධයෙන් ඔබ මාරාන්තිකව සිටියේ. නුවණැත්තන්ගේ උපකාරයෙනුයි ඔබට සුවපත් වෙන්ට අවස්ථාව සැලසුනේ" කියා මේ අතීත කතාව ගෙනහැර දක්වා වදාළා.

"මහණෙනි, ගොඩාක් ඉස්සර කාලෙක මද්දව මහාරාජ නමින් රජ්ජුරු කෙනෙක් රාජ්‍ය විචාරමින්

සිටියා. ඔය කාලේ මහාබෝධිසත්වයෝ බ්‍රාහ්මණ පවුලක උපන්නා. මේ කුමාරයාට දෙමව්පියෝ 'සේනක' යන නම තැබුවා. ඉතින් මේ සේනක කුමාරයා තක්සිලා ගොහින් හොඳින් ශිල්ප ශාස්ත්‍ර හදාරලා ආයෙමත් බරණැසට ආවා. ඇවිත් මද්දව රජ්ජුරුවන්ගේ අර්ථධර්මානුශාසක අමාත්‍ය තනතුර හෙබවූවා. මේ සේනක අමාත්‍යයා මහා නුවණැතියි. ඒ නිසා බරණැසට පෑයූ හිරු මඬලක්, සඳ මඬලක් වගේ සේනක පණ්ඩිත නමින් ප්‍රසිද්ධියට පත් වුණා.

දවසක් ඒ රජ්ජුරුවන්ගේ පුරෝහිත පුත්‍රයෙක් රාජඋපස්ථානයට ආවා. එදා සර්වාභරණයෙන් සැරසී උත්තම රූප සෞන්දර්යයෙන් යුතුව සිටින අගමෙහෙසියව මොහුට දකින්ට ලැබුණා. ඈ දුටු ගමන් මොහුට පිස්සු හැදුණා වගේ උනා. කෙලින් ම ගෙදර ගොහින් කෑම් බීම් අත්හැරලා ඇඳේ වැටුණා. මේ මොකද වුණේ කියා යාළුවෝ අසද්දී තමන්ට වූ දේ කිව්වා.

පුරෝහිත පුත්‍රයා දකින්ට නැති නිසා රජ්ජුරුවෝ මේ කරුණ විමසුවා. එතකොට ඇමතිවරයෙක් මෙහෙම කිව්වා. "දේවයන් වහන්ස, අපගේ පුරෝහිත පුත්‍රයාට මහා කරදරයක් වෙලා. දැන් කීප දොහකට කලින් ඒ ළමයා රාජ උපස්ථානෙට ඇවිත් තියෙනවා. එදා එයා අපේ අගමෙහෙසින් වහන්සේව දැකලා. ඒ මොහොතේ පටන් තමයි ළමයා වෙනස් වුණේ. දැන් කෑමක් නෑ. බීමක් නෑ. දේවීන්නාන්සේගේ හැඬරුව කිය කියා කඳුළු සලනවා. ඈ දවසකට හරි නොලැබුනොත් මැරෙනවා කියලයි ඔහොම කරන්නේ. හැබැට දේවයනි, අපි මේ ගැටළුව විසඳා ගන්නෙ කොහොමෙයි?"

"හරි... මං ඒකට මොකාක් හරි කරන්නම්. පුරෝහිත පුත්‍රයාට මාව බැහැ දකින්ට කියන්ට."

එතකොට පුරෝහිත පුත්‍රයා ඇවිදින් රජ්ජුරුවන්ව බැහැ දැක වන්දනා කළා.

"හෝ... මිත්‍රයා... ඔහේටත් එහෙනම් බිසොවුන් වහන්සේ ගැන පිළිබඳ සිතක් ඇති වුණා ඒ? එතකොට දැන් දින ගණනක් කෑමක් බීමක් නැතිව වැතිරිලා හිටියා ඒ? හප්පේ... මේ ටික දොහට තොප හොඳට ම දුබල වෙලා නොවැ ඒ?"

එතකොට පුරෝහිත පුත්‍රයා නිශ්ශබ්දව බිම බලාගෙන හිටියා. රජ්ජුරුවෝ ළඟට ඇවිත් පුරෝහිත පුත්‍රයාගේ පිටට අත තිබ්බා. "මිත්‍රයා... මට තොප ගැන අනුකම්පාවක් උපන්නා. මං අපේ බිසොවුන්නාන්සේත් එක්කත් මේ ගැන කතා කළා. සතියකට මං ඇව තොපට දෙන්ට කැමති කරවා ගත්තා. හරි... එහෙනං සතියකට අපේ දේවීන්නාන්සේව මං තොපට දෙනවා. ගෙදර එක්කරගෙන ගොහිං අටවෙනි දවසේ නොවැරදී ම මෙහාට ආපසු එක්කරගෙන එන්ට ඕනෑ... හරි...?"

තරුණයාගේ දෑස් උඩ ගියා. විශාල වුණා. ලොකු හිනාවක් පහළ වුනා. රජ්ජුරුවන් ළඟ සතුටින් වැඳ වැටුණා. "හරි... දේවයනි... මං අනිවාර්යයෙන් දේවීන්නාන්සේව ආපසු එක්කරගෙන එනවා" කියලා දේවිය ගෙදර කැඳවාගෙන ගියා. දවස් දෙක තුනයි ගියේ දෙන්නා පෙමින් වෙලී ගියා. එකිනෙකාව නොදැක ඉන්ට බැරි තරම් බැඳුනා. දෙන්නා කාටවත් ම නොකියා, කාටවත් ම නොදැනෙන්ට ප්‍රධාන දොරටුවෙන් පලා ගියා. වෙනත් රජෙකුගේ විජිතයකට ගියා. ඔවුන් ආ ගිය

අතක් කාටවත් ම සොයාගන්ට බැරි වුණා. නැවක් ගිය පාර මැකී ගියා වගේ වුණා.

රජ්ජුරුවෝ තමන්ගේ දේවීන්නාන්සේව සොයා ගන්ට නොගත්ත වෙහෙසක් නෑ. හැම තැන අඬබෙර හැසිරෙව්වා. ඔත්තුකාරයෝ වෙස් වළාගෙන පිටත් කෙරෙව්වා. කිසිම දේකින් වැඩක් වුණේ නෑ. රජ්ජුරුවන්ට තමන්ගේ බිසොව ම දිගින් දිගටම මතක් වෙන්ට පටන් ගත්තා. ඒ ගැන ම කල්පනා කරන්ට ගිහින් පපුව වේලිලා ගියා. හදවත උණු වුණා. කටින් ලේ එන්ට පටන් ගත්තා. එදා පටන් ලේ බඩ යන්ටත් පටන් ගත්තා. හොඳට ම ගිලන් වුණා. අතිදක්ෂ රාජ වෛද්‍යවරු නොයෙක් විදිහට බෙහෙත් කළා. කිසිම බෙහෙතක් අහන්නැතිව ගියා.

අර්ථධර්මානුශාසක අමාත්‍ය බෝධිසත්වයෝ මේ ගැන සිත යොමු කළා. 'ම්... මට හිතෙන හැටියට රජ්ජුරුවන්ට තියෙන්නේ කායික රෝගයක් නොවේ. බිරිඳ දකින්ට නොලැබීම නිසා හටගත් මානසික රෝගයක්. මේ රෝගයට නම් ප්‍රතිකාර කරන්ට තියෙන්නේ උපක්‍රමශීලීවම යි.'

මෙහෙම සිතලා ආයුර, පුක්කුස කියන රජ්ජුරුවන්ගේ පණ්ඩිත ඇමතිවරු දෙන්නා කැඳවා මේ කාරණය සැලකළා. අපේ රජ්ජුරුවන්ට තියෙන්නේ බිරිඳ දකින්ට නැති නිසා හටගත් මානසික රෝගයක්. ඒ හැර වෙන ලෙඩක් නෑ. අපට රජ්ජුරුවෝ බොහෝ උපකාරයි නොවැ. ඒ නිසා අපි උපක්‍රමශීලීව ප්‍රතිකාරයක් කරමු.

රාජාංගනේට මැජික්කාරයෝ ගෙන්නලා සංදර්ශනයක් පවත්වමු. මං දන්නවා කඩු ගිලින මැජික්කාරයෙක් ගැන. අපි එයැයිව ගෙන්නමු.

රජ්ජුරුවන්ට පෙන්නමු කඩු ගිලීම. එතකොට ඒක දකින රජ්ජුරුවෝ අසාවි හප්පේ මීටත් වඩා දුෂ්කර වෙනත් දෙයක් තියේද කියා. එතකොට මිත්‍ර ආයුර ඔබ මෙහෙම කියන්ට.

"මහරජ, අසවල් දේ මං දෙන්නම් යන වචනය කීම ඔයිට වඩා දුෂ්කරයි" කියලා.

එතකොට මිත්‍ර පුක්කුසයෙනි, රජ්ජුරුවෝ ඔබෙන් අසාවි "හැබෑද පුක්කුස, යමක් දෙන්නම් කියන වචනය කඩු ගිලිනවාටත් වඩා දුෂ්කර දෙයක් ද?" කියලා.

එතකොට ඔබ මෙහෙම කියන්න. "මහරජ, ඔබ යමෙකුට යමක් දෙන්නම් කියලා නොදී සිටියොත් ඒකේ කිසි ප්‍රයෝජනයක් නෑ. එබඳු පල රහිත වචනය කවුරුවත් ජීවත් කරවන්නේ නෑ. නමුත් යමෙක් තමන්ගේ වචනය ඒ විදිහට ම ඉටු කළොත් එයා නම් දෙනවා කිව්වොත් දෙනවා ම යි. ඒක කලින් එකටත් වඩා ගොඩාක් දුෂ්කරයි" කියලා කියන්ට.

ඊට පස්සේ රජ්ජුරුවෝ මගෙන් නොවැ අහන්නේ. මං ඉතින් දන්නවා නොවැ ඊළඟට කරන දේ. ඕන්න ඕකයි මිතුරනේ සැලැස්ම. හරි... දැන් සංදර්ශනය සූදානම් කරමු.

ඊටපස්සේ මේ පණ්ඩිතයෝ තුන්දෙනා සංදර්ශනේ දවසේ රජ්ජුරුවෝ බැහැ දකින්ට ගියා. "මහරජ්ජුරුවෙනි, අද රාජාංගනේ විශේෂ මැජික් සංදර්ශනයක් තියෙනවා. ඒක බලනකොට දුක පවා දුකක් හැටියට දැනෙන්නැතිව යනවා. ඒ නිසා ටිකාක් එතෙන්ට සැපත් වෙමුකෝ" කියලා සී මැදුරු කවුළුව හැරලා සංදර්ශනේ පෙන්නුවා.

එයට සහභාගී වූ බොහෝ ශිල්පීන් තම තමන්ගේ දස්කම් දැක්කුවා. එතැනට එක පුරුෂයෙක් ආවා. හොඳට දිලිහි දිලිහි තියෙන මුවහත ඇති උස කඩුවක් ගත්තා. හතර දිසාවේ හැමෝට ම ඒක පෙන්නුවා. කඩුව ගිලින්ට පටන් ගත්තා. කඩු මිට දක්වා ගිල්ලා.

මෙය බලා සිටිය රජ්ජුරුවන්ගේ දෑස් උඩ ගියා. කට ඇරුණා. "හෑ... හෑ... අර... හප්පා... අර බලන්ට. අර කඩුව කොච්චර දිග ද?"

"මහරජ්ජුරුවෙනි... ඔය දසණ්ණක රටේ හදාපු කඩුවක්. අඟල් තිස්තුනක් දිගයි."

'මොනවා... හප්පේ... මේ මනුස්සයා කොහොමෙයි මේ තරම් මුවහත ඇති තිස්තුන් අඟලක් දිගැති කඩුවක් ගිල්ලේ? මං දන්නවා දසණ්ණක රටේ තමයි හොඳම කඩු හදන්නේ.' මෙහෙම හිතලා රජ්ජුරුවෝ ළඟම සිටිය ආයුර පණ්ඩිතයන්ගෙන් ඒ ගැන අසමින් මේ ගාථාව පැවසුවා.

(1)

අපෙ අප්පෝ අර බලන්ට -
දසණ්ණක රටේ හදාපු කඩුවක් නොවෙදෝ
සටන්වලදි ලේ බොන්නට හපන් කඩුවෙ -
මුවහතත් දිලිසෙමින් ඇතේ
ධනය ලබනු ආශාවෙන් නොවේ ද මොහු -
පිරිස් මැදදි කඩුව ගිලින්නේ
මහ දුෂ්කර දෙයක් නෙ මෙය -
ඔයිට වඩා අමාරු දෙය කොහිද තියෙන්නේ

රජ්ජුරුවන් ඇසූ මේ ගාථාවට පිළිතුරු වශයෙන් ආයුර පණ්ඩිත මේ ගාථාව පැවසුවා.

(2)

අපේ මගධ රජ්ජුරුවෙනි, ධනය ලබනු ආශාවෙන් -
මේ මිනිහා මෙතැනට ආවේ
සටන්වලදී ලේ බොන්නට හපන් කඩුව -
කිසි භයක් නැතිව මොහු ගිල දැවේ
ඔයිට වඩා අමාරු වූ වෙනත් දෙයක් ලොවේ ඇතේ -
එය කිමෙකැයි දත යුතු වන්නේ
යමෙක් යමක් දෙමියි කියා පොරොන්දු වෙයි නම් -
එය ම තමයි ලොව තියෙනා අමාරු දෙය
ඒ දේ ඉදිරියේ අනිත් හැම දෙයක් ම -
පහසුවෙකින් කළ හැකි වන්නේ

එය ඇසූ ගමන් රජ්ජුරුවෝ කල්පනාවට වැටුණා. 'ඕ... හෝ... එතකොට 'මං නුඹට අසවල් දෙය දෙන්නම්' කියන වචනය මිනිහෙක් කඩුවක් ගිලිනවාටත් වඩා අමාරු දෙයක් ඒ? හෝ... එතකොට මං... මාත් පුරෝහිත පුත්‍රයාට මගේ දේවිය දෙන්නම් කියන වචනය කිව්වා නොවැ. ඔව්... එහෙනං මාත් එතකොට මහා දුෂ්කර දෙයක් නොවැ කරලා තියෙන්නෙ හැබෑට' කියලා හිතනකොට ශෝකය යට ගොහිං සියුම් සතුටක් පැන නැංගා. ඒකෙන් අර කලින් තිබූ තදබල ශෝක ගතිය අඩු වුණා.

ඊට පස්සේ රජ්ජුරුවෝ "ඔව්... කෙනෙකුට යමක් දෙන්නම් කියන වචනෙට වඩා තවත් දුෂ්කර දෙයක් ලොවේ තියේ ද?" කියා පුක්කුස පණ්ඩිතයන්ගෙන් අසමින් මේ ගාථාව පැවසුවා.

(3)

අරුත් හොඳින් වැටහෙන මේ -
නුවණැති ආයුර පණ්ඩිත

කලින් ඇසූ ප්‍රශ්නෙට නිසි පිළිතුරු දුන්නේ
පුක්කුස පණ්ඩිතය තොපෙන් -
දෙවෙනි ප්‍රශ්නෙ අසමි සොඳින්
'දෙමි' යන වචනයට වඩා දුෂ්කර වූ වෙනත් දෙයක්
ලොවේ තවත් ඇත් ද කියා පහදාපන්නේ -
ඒ ගැන මට පැහැදිලි පිළිතුරක් දියන්නේ

රජ්ජුරුවන්ගේ මේ ප්‍රශ්නෙට පුක්කුස පණ්ඩිතයෝ මේ ගාථාවෙන් පිළිතුරු දුන්නා.

(4)

අපේ මගධ රජ්ජුරුවෙනි, -
යමෙක් පල නැති වචනයක් කීවොත්
එය නිකං කීමක් තමයි -
එයින් කවුරුත් නොමැත ජීවත් වන්නේ
යමක් දෙන්නම් කියා යමෙකුට -
ඒ ලෙස ම එය ඔහුට දුන්නොත්
ඒ දෙයෙහි ඇති ආශාව දුරුකොට -
තමයි එය දෙන්නේ
මෙය යි ලොව ඇති දුෂ්කර ම දෙය -
එය ඉදිරියේ අන් සියලු දෙය -
පහසුවෙන් කළ හැක්කේ

පුක්කුස පණ්ඩිතයන්ගේ මේ ගාථාව ඇසූ රජ්ජුරුවෝ ආයෙමත් කල්පනාවට වැටුණා. 'ඕ... ඒක හරි... එතකොට මාත් මුලින් ම කීවේ මගේ දේවී පුරෝහිත පුත්‍රයාට දෙන්නම් කියලයි. ඒක මං වචනයට සීමා කළේ නෑ. මං ක්‍රියාවෙනුත් ඔප්පු කළා. මං කටින් කියලා නොකර සිටියා නම් ඒක ගැලපෙන්නේ නෑ. ඔව්... මං දුන්නා. ඔව්... ඉතිං මං කියපු දේ කළානේ. ඔව්...

බලාගෙන ගියාම මං කරලා තියෙන්නේ ලේසි කෙනෙකුට කරන්ට බැරි මහා බරපතල දුෂ්කර දෙයක් නොවැ' කියලා සිතනවිට රජ්ජුරුවන්ගේ ඇඟත් සිතත් සැහැල්ලු වෙලා ගියා. එතකොට කලින්ටත් වඩා හිතේ දුක අඩු වුණා. ඊට පස්සේ රජ්ජුරුවෝ මෙහෙම සිතුවා. 'අපේ මේ සේනක පණ්ඩිතයන්ට වඩා වෙනත් මහා පණ්ඩිතයෙක් නෑ නොවැ. මං මෙයැයිගෙනුත් ප්‍රශ්නයක් අහන්ට ඕනෑ' කියා බෝධිසත්වයන්ට මේ ගාථාව පැවසුවා.

(5)

අරුත් හොඳින් වැටහෙන මේ -
නුවණැති පුක්කුස පණ්ඩිත
මං විමසූ ප්‍රශ්නෙට නිසි පිළිතුරු දුන්නේ
දෙන්නම් කියලා ඒ දෙය කියපු ලෙස ම දුන්නේ නම්
එයට වඩා දුෂ්කර වූ දෙයක් කොහිද තියෙන්නේ
මං අසනා මේ පැනයට නිසි පිළිතුරු දියන්නේ

රජ්ජුරුවෝ ඇසූ මේ පැනයට පිළිතුරු දෙමින් සේනක පණ්ඩිතයෝ මේ ගාථාව පැවසුවා.

(6). අපේ මගධ රජ්ජුරුවෙනි, -
යමෙක් ලොවේ දානය දෙන්නේ නම්
එය ටිකක් වුනත් කමක් නැතේ -
බොහෝ වුනත් කමක් නැතේ
එලෙසින් තමා දුන්නු දානය ගැන -
නැවත කැමැත්තක් නොම කොට
තමන් දුන්නු දේ ගැන ඔහු -
පසු නොතැවෙන්නේ නම්
කඩුවක් ගිලිනවට වඩා -
දෙන්නම් කියනවට වඩා

තමා දුන්නු දෙයට වඩා -
ඉතාම දුෂ්කර දෙයකුයි එයා කරන්නේ
හැම දෙයක් ම එයට වඩා -
පහසු බවත් දැනගත යුතු වන්නේ

සේනක පණ්ඩිතයන්ගේ මේ ගාථාව ඇසූ රජ්ජුරුවෝ ආයෙමත් කල්පනාවට වැටුනා. 'ඇත්ත... ඔව්... ඒක නම් ඇත්තක් ම යි... මං... මගේ තනි අදහසට නොවැ පුරෝහිත පුත්‍රයාට දේවිය දුන්නේ. ඉතින් මං ම දීලා මගේ හිත හදාගන්ට බැරිව නොවැ මං මේ ශෝක කරන්නේ. සුසුම් හෙළන්නේ. ඇඟට පණක් නැතිව ඉන්නේ. මේක මට ගැලපෙන දෙයක් නොවෙයි. අනික ඒකි හරි ගෑණියක් නම්, මට පොඩ්ඩක්වත් ආලයක් තිබ්බා නම් මාව දාලා යාවිද... මේ යස ඉසුරු දාලා යාවිද... මගේ ආදරය ගණනකට නොගෙන ඒකිට ඇහැක් වුණා නම් සතියකින් වෙනස් වෙන්ට... හනේ... මට මක්කටෙයි. තුහ්... මට නම් ඕනම නෑ... නිදකිං... ඕකි...' කියලා හිතන්ට පටන් ගත්තා.

එතකොට රජ්ජුරුවන්ගේ සිතේ තිබුණ කෙලෙස් බන්ධනය සිඳී බිඳී ගියා. නෙළුම් කොළේකින් දිය බිඳු රූරා වැටෙන්නැහේ ශෝකය නැති වී ගියා. සිතේ සතුට උපන්නා. 'ඔව්... ඔව්... මං ඕං දුන්නු දේ දුන්නා. අත්හැරියා...' කියා සිතන්ට සිතන්ට ඇව අමතක වුණා. එසැණින් ම කුසේ ලේ ගැලීම නැවතුනා. කටින් ලේ ඒම නැවතුනා. තමන්ගේ අසනීපය සුවපත් වෙන්ට පටන්ගත් බව රජ්ජුරුවන්ට තේරුණා. ඊට පස්සේ කරන බෙහෙත් ප්‍රතිකාර ඇඟට ඇල්ලුවා. රජ්ජුරුවෝ වේගයෙන් නීරෝග බවට පත් වුණා. නීරෝගව සුවපත් වූ රජ්ජුරුවෝ තමන්ට

යහපත සැලසූ සේනක පණ්ඩිතයන්ට ස්තුති කරමින් මේ ගාථාව පැවසුවා.

(7). මං විමසූ පැනයන් හට -
ආයුර පණ්ඩිතත් සුදුසු පිළිතුර දුන්නා
ඒ වගේ ම පුක්කුස පණ්ඩිතත් -
හොඳින් පිළිතුරු දුන්නා
අපේ සේනක පණ්ඩිතයන්ගේ -
පිළිතුර ගැන විමසන විට
එයැයි දුන්න පිළිතුර හැම දෙයට වඩා -
ඉහළින් ම පෙනෙන්නේ

මෙහෙම කියූ රජ්ජුරුවෝ පණ්ඩිතයන් තුන් දෙනාට ම බොහෝ ධන සම්පත් දුන්නා."

මෙය වදාළ භාග්‍යවතුන් වහන්සේ චතුරාර්ය සත්‍ය ධර්මය වදාළා. ඒ ධර්ම දේශනාව අවසානයේ බිරිඳගේ වචනය අසා සිවුරු හරින්ට සිතා සිටි භික්ෂුව සෝවාන් ඵලයට පත් වුණා. "මහණෙනි, එදා රජ්ජුරුවෝ අත්හැරලා පුරෝහිත පුත්‍රයා එක්ක රහසේ පැන ගිය බිසොව වෙලා හිටියේ මේ භික්ෂුවගේ ගිහි කල බිරිඳ. සිය බිරිඳ ගැන සිතා රෝගාතුරව හුන් මද්දව රජ්ජුරුවෝ වෙලා සිටියේ මේ භික්ෂුව. ආයුර පණ්ඩිතව සිටියේ අපගේ මොග්ගල්ලානයෝ. පුක්කුස පණ්ඩිතව උන්නේ අපගේ සාරිපුත්තයෝ. සේනක පණ්ඩිතව සිටියේ මම" යි කියා භාග්‍යවතුන් වහන්සේ මේ ජාතකය නිමවා වදාළා.

07. සත්තුභස්ත ජාතකය

සම්පසුම්බියට නයෙක් රිංගාගත් කතාව

පින්වතුනේ, පින්වත් දරුවනේ,

අපගේ භාග්‍යවතුන් වහන්සේ මහා ප්‍රඥාසම්පත්තියෙන් යුක්තයි. උන්වහන්සේගේ මහා ප්‍රඥාසම්පත්තිය බෝසත් චරිතයේ පවා කැපී පෙනුනා. මේ එබඳු කතාවක්.

ඒ දිනවල අපගේ භාග්‍යවතුන් වහන්සේ වැඩ වාසය කොට වදාළේ සැවැත්නුවර ජේතවනයේ. එදා දම්සභා මණ්ඩපයේ රැස්වූ භික්ෂූන් වහන්සේලා අපගේ භාග්‍යවතුන් වහන්සේගේ විස්මිත ප්‍රඥාවේ ආනුභාවය ගැන කතා කරමින් සිටියා.

"අනේ ඇවැත්නි, අපට කොයි තරම් ලාභයක් ද! අපි 'බුද්ධං සරණං ගච්ඡාමි' කියා සරණ ගියේ මොනතරම් ප්‍රඥාවෙන් යුක්ත බුද්ධ රත්නයක් ද! අනේ අපගේ ශාස්තෘන් වහන්සේ මහා ප්‍රඥාවෙන් යුක්තයි. පැතිරී ගිය ප්‍රඥාවකින් යුක්තයි. වහා වැටහෙන ප්‍රඥාවකින් යුක්තයි. සීඝ්‍ර ප්‍රඥාවකින් යුක්තයි. තියුණු ප්‍රඥාවකින් යුක්තයි. විනිවිද දකින ප්‍රඥාවකින් යුක්තයි. අපගේ භාග්‍යවතුන් වහන්සේ බොහෝ ජනයාව මාර්ගඵලාවබෝධයෙහි පිහිටෙව්වේ ඒ මහා ප්‍රඥාමහිමයෙන් ම යි. අහෝ... අසිරියක් මැ යි!"

යනාදී වශයෙන් අපගේ භාග්‍යවතුන් වහන්සේගේ ප්‍රඥා මහිමයට ස්තුති ප්‍රශංසා කරමින් සිටියා.

ඒ අවස්ථාවේ භාග්‍යවතුන් වහන්සේ එතැනට වැඩම කොට වදාළා. භික්ෂූන් වහන්සේලා තමන් කතා කරමින් සිටි කරුණ ගැන භාග්‍යවතුන් වහන්සේට සැලකළා.

"නෑ මහණෙනි, තථාගතයෝ ප්‍රඥාවෙන් යුක්තව ඉන්නේ මේ ආත්මේ විතරක් නොවේ. නොමේරූ බෝධිඥානය තිබුන බෝසත් කාලෙත් ප්‍රඥාවෙන් යුක්තවයි සිටියේ" කියා මේ අතීත කතාව ගෙනහැර දක්වා වදාළා.

"මහණෙනි, ගොඩාක් ඉස්සර කාලෙක බරණැස්පුරේ ජනක නමින් රජ්ජුරු කෙනෙක් රාජ්‍ය විචාරමින් සිටියා. ඔය කාලේ මහාබෝධිසත්වයෝ උපන්නේ බ්‍රාහ්මණ පවුලක. ඒ දෙමාපියෝ තම පුත්කුමරාට 'සේනක' කියා නම තැබුවා. ඉතින් මේ සේනක කුමාරයා නිසි වයසෙදි තක්සිලා ගොහින් ශිල්ප ශාස්ත්‍ර ඉගෙනගෙන ඇවිත් බරණැස ජනක රජ්ජුරුවන්ගේ අර්ථධර්මානුශාසක පදවිය හොබවන අමාත්‍ය තනතුරට පත් වුණා. මේ සේනක අමාත්‍යතුමා මධුර වූ ධර්ම කතාවෙන් යුක්තයි. ඉතින් මේ බෝසත් ඇමතියා ජනක රජ්ජුරුවන්ව පන්සිල්වල පිහිටෙව්වා. දන් දීමට යොමු කළා. සතර පොහොයට අටසිල් රකින්ට හුරු කළා. දසකුසල්වල යෙදෙව්වා. මුළු බරණැස ම බුදු කෙනෙක් පහළ වූ කාලයක වාගේ මහා ප්‍රබෝධයක් ඇති වුණා.

පොහෝ දිනවල රජ්ජුරුවෝ, යුවරජ්ජුරුවෝ, ඇමතිවරු හැමෝම එකතු වෙලා දහම් මණ්ඩපයක්

පිළියෙල කරනවා. සරභ නමැති මුවාගේ හැඩයට කැටයම් කළ ආසනයට ගොඩවෙන සේනක පණ්ඩිතයෝ බුදු කෙනෙකුගේ ලීලාවෙන් බණ කියනවා. ඒ ධර්ම විස්තර හරියට බුදු කෙනෙකුගේ වගෙයි. එයින් බොහෝ දෙනෙකුට යහපත සැලසුණා.

ඔය අතරේ එක්තරා මහලු බ්‍රාහ්මණයෙක් ධනය එකතු කරගන්ට සම්මාදමේ ගියා. ඔහුට කහවණු දහසක් එකතු කරගන්ට පුළුවන් වුණා. ඉතින් මොහු තම හිතවත් බ්‍රාහ්මණ ගෙදරක ඒ සල්ලි තියලා තව වැඩිපුර කීයක් හරි සොයාගන්නා අදහසින් ආයෙත් ගියා. ඒ අතරේ බමුණු ගෙදර උදවියට අර සල්ලි වියදම් වුණා. මහලු බ්‍රාහ්මණයා දවසක් ඒ ගෙදර ඇවිත් තමන් දීපු සල්ලි ඉල්ලුවා. ඒ උදවියට සල්ලි දෙන්ට පිළිවෙළක් තිබුණේ නෑ. ඒ වෙනුවට තමන්ගේ බ්‍රාහ්මණ දියණිය අර වයසක බ්‍රාහ්මණයාට බිරිඳ හැටියට පාවා දුන්නා. එතකොට ඒ බමුණා තම යොවුන් බිරිඳත් රැගෙන බරණැසට නුදුරුව ඇති බමුණු ගමක පදිංචියට ආවා. මේ බිරිඳ ගොඩාක් තරුණයි. ඈ හොරෙන් ම ඒ ගමේ තරුණ බ්‍රාහ්මණයෙක් එක්ක යාළු වුණා. රහසේ ම ඒ සම්බන්ධය පවත්වාගෙන ගියා.

මේ ලෝකයේ සෑහීමට පත් කරන්ට අසීරු දහසය කරුණක් තියෙනවා.

1. සියලු ගංගාවලින් නිරන්තරයෙන් ජලය ඇතුළට ගැලුවත් මහා සාගරය එයින් සෑහීමට පත්වෙන්නේ නෑ.

2. මොනතරම් දේවල් තමන්ගේ ග්‍රහණයට ගත්ත ද ගින්න එයින් සෑහීමකට පත්වෙන්නේ නෑ.

3. රජ්ජුරුවෝ තමන්ගේ රාජ්‍ය පමණක් පාලනය කිරීමෙන් සෑහීමකට පත්වෙන්නේ නෑ.

4. අසත්පුරුෂ බාලයා මොනතරම් පව් කළත් එයින් සෑහීමකට පත්වෙන්නේ නෑ.

5. මොනතරම් මෛථුන සේවනයේ යෙදුණත්, මොනතරම් ඇඳුම් ආයිත්තම්වලින් සැරසුණත්, මොනතරම් දරුවෝ වැදුවත් ස්ත්‍රියක් මේවායින් සෑහීමකට පත්වෙන්නේ නෑ.

6. බ්‍රාහ්මණයා මොනතරම් වේදමන්ත්‍ර ඉගෙන ගත්තත් එයින් සෑහීමකට පත් වෙන්නේ නෑ.

7. ධ්‍යානලාභියා මොනතරම් විහාරසමාපත්තිවලට සමවැදුනත් එයින් සෑහීමකට පත්වෙන්නේ නෑ.

8. මගඵලලාභී තැනැත්තා අකුසල් දහම් කොතෙක් දුරු කළත් සෑහීමකට පත්වෙන්නේ නෑ.

9. අල්පේච්ඡ තැනැත්තා මොනතරම් ධුතාංග සමාදන් වුණත් සෑහීමකට පත්වෙන්නේ නෑ.

10. අරඹන ලද වීර්යයෙන් යුතු තැනැත්තා අකුසල් ප්‍රහාණයටත්, කුසල් ඉපදවීමටත් කොපමණ වීර්ය කළත් සෑහීමකට පත්වෙන්නේ නෑ.

11. ධර්ම කථිකයා කොපමණ ධර්ම සාකච්ඡා කළත් සෑහීමකට පත්වෙන්නේ නෑ.

12. සිය ශිල්පය තුළ විශාරද බවට පත් තැනැත්තා කොපමණ පිරිස් අතරට ගියත් සෑහීමකට පත්වෙන්නේ නෑ.

13. තෙරුවන් කෙරෙහි ශ්‍රද්ධාව පිහිටි තැනැත්තා කොපමණ සංසෝපසේවනයේ යෙදුණත් සෑහීමකට පත්වෙන්නේ නෑ.

14. දන් දෙන තැනැත්තා කොපමණ දන් දුන්නත් සෑහීමකට පත්වෙන්නේ නෑ.

15. නුවණැත්තා කොපමණ ධර්මශ්‍රවණය කළත්, දහම් පොතපත ඉගෙන ගත්තත් සෑහීමකට පත්වෙන්නේ නෑ.

16. භික්ෂු - භික්ෂුණී, උපාසක - උපාසිකා යන සිව්වණක් පිරිස භාග්‍යවතුන් වහන්සේව කොපමණ වාරයක් බැහැ දැක්කද සෑහීමකට පත්වීමක් නෑ.

මේ දහසය කරුණින් අර බ්‍රාහ්මණ ස්ත්‍රියටත් කොපමණ කාමසේවනයේ යෙදුනත් සෑහීමකට පත්නොවන බව තිබුණා. ඒ නිසා ඇය සැකසංකා නැතිව තම කටයුත්තේ යෙදීම පිණිස උපායක් යෙදුවා. දවසක් ඈ මහත් දුකින් මුහුණ එල්ලාගෙන ඇඳේ වැතිරී සිටියා. මහළු බ්‍රාහ්මණයා ඈ ළඟට ආවා. "හාපෝ... ඇයි මගේ සොඳුරී ඔයා මේ බුම්මාගෙන. කෝ... කෝ... චූට්ටක් හිනැහෙන්නකෝ ඉතින්." එතකොට බැමිණිය ඔහුගේ අත ගසා දැම්මා.

"එපා... මං... මං... තරහම තරහයි."

"හෝ... හෝ... එහෙම තරහ ගන්නෙ මක්කටෙයි? මොකෝ මං ඔයැයිට වරදක් කළා යැ."

"හහ්... වරදක්! වරදක් නොවේ... වතුර ඇදලා, මිරිස් අඹරලා... වී කොටලා... මයෙ අතපය රිදේනවා... ආහ්... මයෙ ඇඟට හරිම අමාරුයි... උඟයි..."

"හපොයි... හපොයි... අනේ මයෙ සොඳුරී... මට හරීම දුකායි..."

"දුකායි කියලා හරියන්නෙ නෑ. මයෙ වැඩපළ ටික කරවා ගන්ට කවුරු හරි හොයාගෙන ආවොත් හොඳා."

"අනේ... ඇයි අනේ... මයෙ සොඳුරී ඔහොම කතා කරන්නේ? අපි කවුරු හරි වැඩට ගත්තොත් එයැයිට ගෙවන්ට එපායැ."

"ඉතින්... ඔයා සම්මාදමේ ගොහිං... කහවණු හොයාගෙන... වැඩට කෙල්ලක් ගෙනාවොත් මං මේ ගෙදර ඉඳීවි. නැත්නම් මං අයෙමත් ගෙදර යනවා."

"ඔ... ඔ... ඕං... කිව්වා... න්... නෑ... එහෙම නොවේ... ඔයැයි කලබොල නැතිව ඉන්ටකෝ... කිව්වත් වගේ කෙල්ලක් වැඩට ගෙනාවනං හරි නොවැ... ඔව්... මං... මං එහෙනං... සම්මාදමේ ගොහිං කීයක් හරි හොයා ගෙන එන්නං හොඳේ..."

එතකොට බැමිණිය ඉක්මනින් ම කඩල පිටි ගුලිකොට දවස් කීපයකට සෑහෙන්ට අග්ගලා හැදුවා. ඒවා සම් පසුම්බියකට දමා කට ගැටගසා දුන්නා. බ්‍රාහ්මණයාත් තම යොවුන් බිරිඳට බැඳුණු සිතින් කීයක් හරි සොයා ගන්නා අදහසින් සම්මාදමේ පිටත් වුණා.

ඉතින් මේ බ්‍රාහ්මණයා ගම් නියම්ගම් රාජධානිවල සම්මාදමේ ගිහින් කහවණු සත්සියයක් එකතු කර ගත්තා. "හෝ... මේ ඇති... මට මේ මුදලින් දාසියක් හරි දාසයෙක් හරි ගන්ට ඇහැකි" කියලා ආපහු තමන්ගේ ගමට එන්ට පිටත් වුණා. අතරමගදී ජලපහසුව ඇති තැනක වාඩි වුණා. සම් පසුම්බිය ඇරලා අග්ගලා ගෙඩි කීපයක් ගිල දැම්මා.

ළඟ තියෙන පොකුණට දිය බොන්ට ගියා. එදා බමුණාට වතුර බොන්ට පොකුණට යන්ට කලින් පසුම්බියේ කට ගැට ගසන්ට අමතක වුණා. ඔය අතරේ ළඟ තිබුණු රුක් බෙණයක හිටපු විෂඝෝර නාගයෙක් අග්ගල සුවඳ ඉව අල්ලාගෙන ඇවිත් පසුම්බියට රිංගුවා. රිංගලා ඇතුළේ ම දරන ගසාගෙන අග්ගලා කන්ට පටන්ගත්තා.

බමුණා ඇවිත් අග්ගලා පසුම්බියේ කට ගැටගැසුවා. කරේ එල්ලා ගත්තා. ගමනට පිටත් වුණා. ඒ යන අතරමග මාවත අයිනේ වෘක්ෂයක රුක් දෙවියෙක් උන්නා. මේ රුක් දෙවියා බමුණාගේ පසුම්බිය ඇතුළේ නයා ඉන්නවා දැක්කා. 'අයියෝ... දැන් මේ බමුණා මග නැවතුණොත් ආයෙමත් අග්ගලා කන්ට පසුම්බියට අත දමාවි. එතකොට මෙයැයිට නයා දෂ්ට කරලා එයින් ම මැරිලා යාවි. ගෙදර ගිය ගමන් මුන්දැගේ බිරින්දෑ මල්លට අත දානවා ගෙනාවේ මක්කදැයි බලන්ට. එතකොට නයා ඈට දෂ්ට කරනවා. මං දෙන්නාව ම බේරන්ට ඕනෑ' කියා සිතා බ්‍රාහ්මණයාගේ කන ළඟින් ඇහෙන්ට දෝංකාර හඬින් මෙහෙම කීවා.

"එම්බල බමුණෝ තොප විසුවෝතින් අතර මග
ආයෙ දෙකක් නෑ තොප හට මැරෙන්ට වෙනවා
හැබැයි ඔහේ ගෙදර ගියෝතින් හනිකට
බිරින්දෑ හටත් තොපගේ මැරෙන්ට වෙනවා"

එතකොට බමුණා වට පිට බැලුවා. "හෝ... ක... කවුද... ඒ... මට කතා කොළේ... අනේ... කවුරුවත් ම පේන්ට නෑ නොවැ... අයියෝ... මොකක්ද ඒ කතාව...? මං මග හිටියොත් මැරෙනවා. ගෙදර ගියොත් මයෙ මායියා මැරෙනවා. ඕ... අයියෝ..." කියලා බමුණා හොඳට භය

වෙලා හඬ හඬා කඳුළු වගුරුවාගෙන බරණැස නගරයට ආවා.

එදා පසළොස්වක් පොහෝ දවසක්. බෝධිසත්වයෝ අලංකාර ධර්මාසනේ වැඩ හිඳ බණ කියන දවස. මහජනයාත් සුවඳ මල් ආදිය රැගෙන බණ අහන්ට යනවා. බ්‍රාහ්මණයා ඒ යන මිනිස්සු දැකලා මෙහෙම ඇසුවා.

"අනේ... මේ... ඔහේලා කොයිබද යන්නේ?"

"බ්‍රාහ්මණය, ඇයි දන්නැතෙයි? අපේ සේනක පණ්ඩිතයෝ මිහිරි සරින් බුදු කෙනෙක් වගේ බණ කියන දවස නොවැ අද." එතකොට බ්‍රාහ්මණයා මෙහෙම හිතුවා. 'හ්ම්... සේනක පණ්ඩිතයෝ මහා ධර්මකථිකයෙක් ලු. මාත් මරණ භයින් තැතිගෙන නොවැ ඉන්නෙ. නුවණැත්තෝ මහා දුකක් වුණත් නැති කොරලා දානවා නොවැ. මාත් ගොහිං බණ ඩිංගිත්තක් අහන්ට ඕනෑ එහෙනං' කියා සිතා ඒ පිරිසට ම එකතු වෙලා ගියා.

බෝධිසත්වයන්ව පිරිවරාගෙන ඉන්න රජුන් සහිත පිරිස අතරේ කෙළවරේ පසුම්බියකුත් කරේ එල්ලාගෙන බ්‍රාහ්මණයාත් හඬ හඬා හිටගෙන හිටියා. සේනක පණ්ඩිතයෝ ආකාස ගංගාව ගලන්නැහේ, අමා වැස්සක් වසින්නැහේ දහම් වැසි වැස්සුවා. මහජනයා සතුටින් ඉපිල ගොසින් සාධුකාර දෙමින් බණ ඇසුවා. බෝධිසත්වයෝ නෙත් දල්වා වටපිට බැලුවා. හඬ හඬා ඉන්නා බ්‍රාහ්මණයාව දැක්කා. 'හෝ... අනිත් හැමෝම සොම්නසින් සාධුකාර දෙමින් බණ අසද්දී අර බ්‍රාහ්මණයෙක් දුකට පත් සිතින් හඬමින් ඉන්නේ ඇයි?' මෙසේ සිතා මෙය පැවසුවා.

"බ්‍රාහ්මණය, සේනක පණ්ඩිත කියන්නේ මට යි. මං තොපගේ ශෝකය දැන් ම නැති කරන්නම්" කියා බ්‍රාහ්මණයා අමතමින් මේ ගාථාව පැවසුවා.

(1). **ඇයි ද බමුණ තොපගේ සිත තදින් කැළඹිලා**
තොපගේ ඇස් කන් ඉරියව් හැම ඇවිස්සිලා
දෙනෙත පුරා උතුරාගෙන කඳුළු යයි ගලා
කවර දෙයක් දෝ තොපගේ ගියේ වැනසිලා
කවර දෙයක් දෝ තොප දැන් ඉන්නෙ පත පතා
තොප මෙහි ආ කරුණ කියාපන්නේ

එතකොට බ්‍රාහ්මණයා තමන්ගේ බලවත් ශෝකයට කාරණාව කියමින් මේ ගාථාව පැවසුවා.

(2). **අනේ අපේ සේනක පණ්ඩිතයාණෙනි**
මෙකරුණ මට පහදා දීපන්නේ
අද මං ගෙදර ගියොත් මගේ බිරිඳ මැරෙනවා කියා
මං මග හිටියොත් මාත් මැරෙනවා කියා
කවුද යකෙක් මා හට කිව්වානෙ හඬ නගා

බ්‍රාහ්මණයාගේ මේ ගාථාවට සවන් දුන් බෝධිසත්වයෝ මොහු කියූ කරුණ ගැන නුවණින් විමසන්ට පටන් ගත්තා. 'උපන් සත්වයන්ට මරණයට පත් වෙන්ට බොහෝ කාරණා තියෙනවා නොවැ. මුහුදේ ගිලිලාත් මැරෙනවා. ගඟේ මුහුදේ ගිය අය සැඩ මසුන්ට අහුවෙලත් මැරෙනවා. ගඟේ ගිලිලත් මැරෙනවා. කිඹුල්ලුන්ට ගොදුරු වෙලත් මැරෙනවා. ගස්වලින් වැටිලත් මැරෙනවා. කටු ඇනිලත් මැරෙනවා. නොයෙක් අවි ආයුධවලින් පහර කාලත් මැරෙනවා. වස විස කැවිලත් මැරෙනවා. බෙල්ලේ වැලදාගෙනත් මැරෙනවා. ප්‍රපාතවලට පැනලත් මැරෙනවා. සීතල වැඩි වුණත්

මැරෙනවා. රස්නේ වැඩි වුණත් මැරෙනවා. නානාප්‍රකාර ලෙඩ රෝගවලිනුත් මැරෙනවා.

ඔය විදිහට බොහෝ කරුණු කාරණාවලින් මේ බ්‍රාහ්මණයා අතරමඟ නැවතුණොත් මුන්දෑ මැරෙන්ටත්, ගෙදර ගියොත් ගෙදර උන්දෑ මැරෙන්ටත් හේතු වන්නේ මොකක්ද? ඕ... මේ බ්‍රාහ්මණයාගේ කරේ තියෙනවා නොවැ පසුම්බියක්. මේකේවත් නයෙක් සර්පයෙක් රිංගාගෙන ඉන්ට බැරි නැද්ද? ඔව්... ඇතැම් උදවිය ගමන් බිමන් යද්දි ඔය මළුවල අග්ගලා දාගෙන යනවා නොවැ. මුන්දැත් ඕකේ අග්ගලා වගේ දෙයක් දාගෙන ගියාවත් ද. එහෙම වුණොත් අතරමගදී මුන්දෑ අග්ගලා කාලා වතුර ටිකක් බොන්ට යද්දී මල්ලේ කට ගැටගසන්ට බැරි වුණෝතින් නයෙක් සර්පයෙක් රිංගන්ටත් බැරි නෑ. එහෙම වුණොත් මුන්දෑ අතරමග නැවතිලා ආයෙමත් අග්ගලා කන්ට මල්ල ලිහා ඇතුළට අත දානවා. එතකොට නයා දෂ්ට කරනවා.

ඒ වගේ ම මුන්දෑ ගෙදර ගියොත් ගෙනාපු දේවල් බලන්ට ගෙදර උන්දෑ මල්ලට අතදානවා. එතකොට උන්දෑට දෂ්ට කරනවා.

ම්... හැබැයි ඔය පසුම්බියට රිංගාගත් නයා නං මහා තක්කඩි සූර කට්ට නයෙක් වෙන්ට ඕනෑ. ඇයි... මේ බ්‍රාහ්මණයා පසුම්බිය එල්ලාගෙන එද්දී ඒකා වගක් නැතිව සෙල්ලීමක් නැතිව පෙනය කිරීමක් නැතිව ඉන්නවා නොවැ. මෙතරම් පිරිසක් අතරත් තමන් නැති ගානට ඉන්නවා නොවැ. මේකා නම් මහා නිර්භීත සූර නයෙක් ම වෙන්ට ඕනෑ.' ඔය විදිහට සේනක පණ්ඩිතයෝ නුවණින් කල්පනා කොට දිවැස් නුවණින් දකින්නැහේ ප්‍රශ්නය නියමාකාරයෙන් තේරුම් ගත්තා.

රජුන් සහිත පිරිස මැද්දේ පසුම්බියට රිංගා ගත් සර්පයාව දැක්කා වාගේ බෝධිසත්වයෝ සිය උපාය කෞශල්‍ය ඤාණයෙන් මනාකොට තේරුම් ගෙන බ්‍රාහ්මණයාගෙන් ප්‍රශ්න කරමින් මේ ගාථාව පැවසුවා.

(3)

බ්‍රාහ්මණය බොහෝ කරුණු කාරණා මං සිතා බලා
යම් කරුණක් කියනවා ද එය ම යි ඇත්ත
ඔය පසුම්බියේ තියෙන්නෙ -
ඔබ කන්ට ගෙනා අග්ගලා නේද
ඔබ දන්නෙ නැතිව ඕකෙ නයෙක් රිංගා ඉන්නේ

මේ ගාථාව පැවසූ බෝධිසත්වයෝ බමුණාගෙන් මෙහෙම ඇසුවා. "බ්‍රාහ්මණය, ඔය පසුම්බියේ අග්ගලා තියෙනවා ද?"

"තියෙනවා පණ්ඩිතයෙනි."

"හරි... එතකොට අද උදේ ඔබ හීලට කෑවේ අග්ගලා නේද?"

"එහෙමයි පණ්ඩිතයෙනි."

"හරි... කොහේ ඉඳගෙන ද කෑවේ?"

"මං එන පාරේ වතුර ඇති තැනක් හම්බවුණා. එතැන ගස් සෙවණක ඉඳගෙන මං කෑවේ."

"හරි... එතකොට ඔබ අග්ගලා කාලා හිටං වතුර බොන්ට යද්දි පසුම්බියේ කට බැන්දේ නැද්ද?"

"අනේ නෑ පණ්ඩිතයෙනි... මං... වතුර බීලා ආවාට පස්සෙයි කට බැන්දේ... මට කලින් බඳින්ට අමතක උනා."

"හරි... එතකොට ඔබ පසුම්බියේ කට බඳින්ට කලිං පෝඩ්ඩක් මල්ලේ ඇතුළ බැලුවේ නැද්ද?"

"අනේ එහෙම කොරන්ට බැරි වුණා නොවැ."

"ඒකනේ බ්‍රාහ්මණය, එතැනදි තමයි එහෙනං ඕක වෙලා තියෙන්නෙ. අග්ගලා සුවඳට ගස් බෙණයක උන්නු නයෙක් ඇවිත් රිංගා ගන්ට ඇති."

"එහෙනං මෙහෙම කරන්ට. පිරිස මෑත් කරලා ඔය පසුම්බිය බිමින් තියන්ට. ඊට පස්සේ මල්ලේ කට ලිහන්ට. ඊට පස්සේ දණ්ඩක් අරගෙන පසුම්බියට දෙකක් ගහන්ට. එතකොට නයා පෙනය පුප්පාගෙන එළියට එන හැටි පෙනේවි. එතකොට සැකය නැතිව යාවි" කියලා මේ ගාථාව පැවසුවා.

(4)

බමුණ ඔබේ මල්ල බිමින් තබා හෙමින් පස්සට වෙන්ට
දැන් දණ්ඩක් අරං ඇවිත් ඔය මල්ලට දෙකක් ගසන්ට
දිව දෙකක් තියෙන නයා මෙයින් -
එළියට එන අයුරු බලන්ට
එතකොට හැකිය ඔබට දැන් තියෙනා සැක දුරලන්ට

එතකොට සේනක පණ්ඩිතයන්ගේ කතාව ඇසූ බ්‍රාහ්මණයා හොඳට ම භය වුණා. ගැහි ගැහී මල්ල හිමින් බිමින් තිබ්බා. දණ්ඩක් අරගෙන ඇවිත් මල්ලට පහර දුන්නා විතරයි සූ සූ යන හඬ නගමින් පෙනය පුප්පාගෙන කළු නාගයෙක් එළියට ඇවිත් මහා ජනයා දෙස බලමින් උන්නා. එතකොට බෝධිසත්වයෝ මේ පස්වෙනි ගාථාව පැවසුවා.

(5)

පිරිස මැද්දෙ නැති අරගෙන මේ බමුණා එන්නේ
අග්ගල ඇති මල්ල ගෙනත් කට ලිහා දමන්නේ
බිහිසුණු විෂඝෝර නයා එයින් පිටට එන්නේ
ඇවිත් පෙනය දක්වා මෙහි වට පිට බලමින් ඉන්නේ

නයා පසුම්බියෙන් එළියට ඇවිත් පෙනය පුප්පාගෙන වටපිට බැලුවා. බෝධිසත්වයෝ බ්‍රාහ්මණයාගේ ප්‍රශ්නය විසඳූ ආකාරය ගැන හැමෝම පුදුමයට පත් වුණා. මහජනයා දහස් ගණන් සළු ඔසොවමින් ප්‍රීතිඝෝෂා කළා. අත්පොලසන් දුන්නා. මහවැස්සක් වගේ සත්රුවන් වැසි වැස්සා. දහස් ගණන් සාධුකාර දුන්නා. "අහෝ... මේ නම් උපන් ජාතියේ බලයක් නොවේ. කුල ගෝත්‍රයක බලයක් නොවේ. ධනයක බලයක් නොවේ. නුවණේ ම බලය යි."

නැණවතුන් කියන්නේ නුවණ ම උතුම් ය කියලයි
සියලුම තරු එළි මැද පුන් සඳ මඬල ම බබලයි
සිල් ගුණයෙන් යුතු බව හොඳ අයගේ දහමයි
සත්පුරුෂයා යන්නේ නැණවතුන්ගෙ ගමනයි

බෝධිසත්වයන්ගේ පැන විසඳුමෙන් පස්සේ එක් අහිගුණ්ඨිකයෙක් ඇවිත් නයාව අල්ලා ගත්තා. කැලේට අරගෙන ගිහිං නිදහස් කළා. මහළු බ්‍රාහ්මණයා මහා සතුටින් රජ්ජුරුවෝ ළඟට ඇවිත් ජය ප්‍රාර්ථනා කරලා ඇඳිලි බැඳ වන්දනා කරගෙන රජුට ස්තුති කරමින් මේ ගාථා කොටස කිව්වා.

අනේ අපේ ජනක රජුට මහා ලාභයක් වුනේ
සොඳ නුවණැති සේනකයෝ -
නිති දකින්ට ලැබෙනවානේ

මෙහෙම කියා බ්‍රාහ්මණයා රජ්ජුරුවන්ටත් ස්තුති කළා. සේනක පණ්ඩිතයන්ටත් ස්තුති කළා. පසුම්බියෙන් කහවණු සත්සියයත් අරගෙන සේනක පණ්ඩිතයන්ට පූජා කරනු කැමැත්තෙන් ගාථාවකුත් කොටසක් වන මෙය පැවසුවා.

(6). සේනක පණ්ඩිතයෙනි තොප -
අවිදු අඳුර සිඳ බිඳලූ සියල්ල දකිනා
බුදු කෙනෙකුට සම ය නුවණ -
අප සැම හට විස්මය දෙවනා
අද මා ජීවත් වන්නෙත් -
මගෙ බිරිඳට සෙත සැදුනෙත් -
ඒ තොපගේ මහා නුවණ නිසා
එනිසා මගෙ මේ කහවණු සත්සියය ම -
තොපට පුදමි හද පිරි තුටිනා
අනුකම්පා කොට මා හට -
මෙය පිළිගත මැනේ

"අනේ පණ්ඩිතය, මා සතුව කහවණු දහසක් තිබුණා නම් මං ඒ ඔක්කොමත් දෙනවා. අනේ මං ළඟ තියෙන්නේ මේ කහවණු සත්සියය විතරයි" කියමින් බෝධිසත්වයන්ගෙන් නැවත නැවත ඉල්ලා සිටියා. එතකොට බෝධිසත්වයෝ මේ ගාථාව පැවසුවා.

(7). ඉතා යහපත් සොඳුරු ගාථා -
කියන නුවණැති පඬිවරු ලොවේ
එයට ගැලපෙන විලස වැටුපක් -
අය කරන සිරිතක් නොවේ
තොපට මා පා මුල තියෙන මේ -
ධනයෙනුත් කොටසක් ලැබේ

එවිට කහවණු දහස සපිරේ -
එය ද ගෙන තොප ගමට යනු මැන

මෙහෙම කියූ බෝධිසත්වයෝ බ්‍රාහ්මණයාට දහස පිරෙන්ට කහවණු දීලා මෙසේ ඇසුවා. "බ්‍රාහ්මණය, හැබෑට ම තමන්ව ගෙදරින් පිටත් කරලා සල්ලි සම්මාදමේ එව්වේ කව්ද?"

"අනේ පණ්ඩිතය, අපේ හාමිනේ නොවැ."

"හෝ... තොපගේ භාරියාව මැහැලි අයෙක් ද නැත්නම් යොවුන් තැනැත්තියක් ද?"

"හප්පා... පණ්ඩිතයෙනි... ඈ මැහැලි නෑ... ඈ හරීම හැඩකාර යොවුන් ළඳක්."

"එහෙනම්... බ්‍රාහ්මණයෙනි... ආයෙ දෙකක් නෑ. මේක ඇගේ උප්පරවැට්ටියක්. ඔහේව සම්මාදමේ පිටත් කළාම ගාන හොයා ගන්ට ටික දොහක් යනවා නොවැ. එතකොට ඇයට කිසි භයක් සැකක් නැතිව හොර සැමියා එක්ක හිතුමනාපේ සතුටු වෙන්ට ඇහැකි... මේ බ්‍රාහ්මණය... මං දන්නවා ඔය කහවණුවලට වන වැඩේ... ඔහේ දුකසේ හොයා ගත්තු ඕකත් තමන්ගේ හොර මිනිහට දේවි... ඒ නිසා මං කියන්නං කරන්ට ඕනෑ දේ... ඔය සල්ලි කෙලින් ම ගෙදර ගෙනියන්ට එපා. ගමින් පිට රුක් බෙනයක හරි ඔය කොතැනක හරි හංගලා යන්ට. පස්සෙ ගන්ට බැරියැ.

එතකොට බ්‍රාහ්මණයා කෙලින් ම ගෙදර ගියේ නෑ. ගම කිට්ටුව තැනක ගසක් මුල සල්ලි හැංගුවා. ටිකාක් කළුවර වේගෙන එද්දී ගෙදර ගියා. ඒ වෙද්දි බැමිණී හොර මිනිහත් එක්ක ඇඳේ හාන්සිවෙලා සිටියේ. බ්‍රාහ්මණයා

ඇවිත් වසා තිබූ දොර ළඟ හිටගත්තා.

"කෝ... මගේ සොඳුරී..." කියා ඇමතුවා.

බ්‍රාහ්මණයාගේ හඬ ඇසුණා විතරයි ඈ හනිකට පහන නිව්වා. හොර මිනිහාව දොර මුල්ලේ හිටෙව්වා. දොර ඇරියා. බ්‍රාහ්මණයාව ගෙට ගනිද්දී හොර මිනිහාව එළියට පිටත් කළා. හොර මිනිහා එළියේ හැංගුනා. ඈ බ්‍රාහ්මණයාගේ අතින් පසුම්බිය අරං අත දමා බැලුවා.

"කෝ... අනේ... ඇයි මනුස්සයෝ... මදෑ... මං මේ මග බලාගෙන ඉන්නවා. ඔහේ මෙතෙක් දවස් සම්මාදම් ගිහිං මොකවත් ම ලැබුනේ නැද්ද වලාමේ...?

"ලැබුනා... ලැබුනා... අනේ... කහවණු දාහක් ම ලැබුනා."

"දා... හක්... නෑ... කෝ... කෝ ඉතින් ඒවා?"

"ඉතින් ඉන්ටකෝ කියන්ට... මෙහෙමනේ සොඳුරී... ඒවා එකපාරට ම ගේන්ට නාකයි. ඉතින් මං අසවල් ගස් බෙනේ හැංගුවා... ඔයා නාඩා ඉන්ටකෝ... මං හෙට උදෑහැනැක්කේ ම ගොහිං ඇන්න එන්නං."

බැමිණී එළියට ගිහිං හොර මිනිහට එවෙලේ ම ඔත්තුව දුන්නා. හොර මිනිහා ගිහිං තමන් පරෙස්සමට තියාපු දෙයක් වගේ කහවණු පොදිය අරං ගියා.

බ්‍රාහ්මණයාට එදා හරීම සතුටුයි. එළිවෙනකල් හරිහමං නින්දක් නෑ. තමන්ගේ ආදර බිරිඳත් සමඟ සතුටින් ගත කරමේ සිහිනේ පැටලී සිටියා. දැන් ඉතිං ගෙදර වැඩට කවුරු හරි ගන්ට ඇහැකි. පසුවදා උදේ කහවණු ගන්ට ගහමුලට ගියා. අනේ ඒවා එතැන නෑ.

එතකොට බ්‍රාහ්මණයාට එක්වරම සේනක පණ්ඩිතයා කියාපු හැම දෙයක් ම මතක් වුණා. පිස්සුවෙන් වගේ සේනක පණ්ඩිතයන් ළඟට දිව්වා.

"අනේ මගේ පණ්ඩිතය, මං හංගාපු තැන කහවණු පොදිය නෑ."

"හෝ... ඒ කියන්නේ තොප භාරියාවට කිව්වා ද සල්ලි අසවල් තැන තියෙනවා ය කියා?"

"එහෙමයි... මං ඇට කීවා."

"හරි... ඒකට කමක් නෑ. අපි සල්ලි ටික හෙමිහිට හොයා ගමුකෝ. දැන් බ්‍රාහ්මණය තොපගේ භාරියාව දන්නා හඳුනන හිතවත් බ්‍රාහ්මණයන් ඉන්නවා ද?"

"එහෙමයි පණ්ඩිතය."

"හරි... එතකොට තොපත් දන්නා හඳුනන හිතවත් බ්‍රාහ්මණයන් ඉන්නවා ද?"

"එහෙමයි."

"හරි... දැන් ඔහේ මං කියන දේ කරන්ට ඕනෑ. මං ඒකට උවමනා කරන ඔක්කෝම වියහියදම් දෙනවා. දැන් ගිහිං ඔහේගේ භාරියාව දන්නා බමුණන් හත් දෙනෙකුට යි ඔහේ දන්නා බමුණන් හත් දෙනෙකුට යි පළමු දවසට දානෙට ආරාධනා කරන්ට ඕනෑ. ඊට පස්සේ දවසින් දවස දෙපැත්තෙන් ම එක්කෙනා බැගින් අඩු කරගන්ට ඕනෑ. හත්වෙනි දවසේ එතකොට ඔහේගේ පැත්තෙන් එක්කෙනයි, භාරියාවගේ පැත්තෙන් එක්කෙනයි. එතකොට භාරියාව හත්වෙනි දවසේ ගෙන්නා ගත්තු

එක්කෙනා හැමදාම ආවා ද කියා බලාගන්ටත් ඕනෑ. ඊට පස්සේ මට ඇවිත් කියන්ට.

බ්‍රාහ්මණයා ගිහින් බෝධිසත්වයෝ කියපු ආකාරයට ම හත් දවසක් දෙපාර්ශවයෙන් ම බමුණන් කැඳවා දානෙ දීලා බෝධිසත්වයන්ව මුණ ගැහෙන්ට ගියා.

"හරි... බ්‍රාහ්මණය... දැන් මට කියන්ට. හත්වෙනි දවසේ භාරියාවගේ පැත්තෙන් දානෙට ආවේ හැමදාම ආපු කෙනෙක් ද? වෙනත් කෙනෙක් ද?"

"හැමදාම ආපු බ්‍රාහ්මණයෙක්."

එතකොට බෝධිසත්වයෝ ඒ බ්‍රාහ්මණයාව එක්කරගෙන එන්ට කියලා මහළු බමුණාත් සමඟ තව පුරුෂයෙක් යැව්වා. එතකොට ඔවුන් ගිහිං ඒ බ්‍රාහ්මණයාව එක්කරගෙන ආවා. බෝධිසත්වයෝ ඔහු අමතා මෙය කිව්වා.

"එම්බා බ්‍රාහ්මණය, මේ මහළු බමුණා දුකසේ රැස් කරගෙන ආ කහවණු දහසේ පොදිය අසවල් රුක මුල සඟවා තිබුණා. එය ගත්තේ තෝ නේද?"

"අනේ නෑ... පණ්ඩිතය."

"මේ... තෝ කාත් එක්කද මේ කතා කරන්නේ? තෝ දන්නැද්ද මං සේනක පණ්ඩිත වග. තෝ ගත්තු ඒ කහවණු දාහ මං එහෙනං ගෙන්න ගන්නං."

එතකොට ඔහු හොඳටෝම භය වුණා. "අනේ... පණ්ඩිතය, මං තමයි ඒවා ගත්තෙ."

"ඔව්... කියාපං... තෝ කොහේද ඒවා තිබ්බේ?"

"අනේ... ඒ ඔක්කෝම එතැන ම වෙන තැනක මං හැංගුවා."

එතකොට බෝධිසත්වයෝ මහළු බ්‍රාහ්මණයා ඇමතුවා.

"මේ බ්‍රාහ්මණය... තොපට ඔය භාරියාව ම ඕනෑ ද? නැතිනම් වෙනිං එකියක් ගන්නවා ද?"

"අනේ පණ්ඩිතය... මට ඒ ඉන්න එකී හොඳා."

එතකොට බෝධිසත්වයෝ සේවකයෝ යවා කහවණු දහසයි, බැමිණියවයි ගෙන්නුවා. හොර බ්‍රාහ්මණයාගේ අතින් ම බ්‍රාහ්මණයාගේ අතට කහවණු දාහ දුන්නා. හොර බ්‍රාහ්මණයාට රාජ අණ නියම කොට නගරයෙන් බැහැර කෙරෙව්වා. බ්‍රාහ්මණියටත් රාජ ආඥාව නියම කරලා බ්‍රාහ්මණයාට භාර දුන්නා. තමන්ගේ නිවස අසල ම ඉන්ට සලසා දුන්නා. බොහෝ ධනයත් ලබා දුන්නා.

මේ ජාතකය වදාරා භාග්‍යවතුන් වහන්සේ චතුරාර්ය සත්‍ය ධර්මය වදාළා. ඒ ධර්ම දේශනාවේ අවසානයේ බොහෝ භික්ෂූන් සෝවාන් ආදී මගඵල ලැබුවා. "මහණෙනි, එදා මහළු බ්‍රාහ්මණයා වෙලා සිටියේ අපගේ ආනන්දයෝ. දේවතාවා අපගේ සාරිපුත්තයෝ. පිරිස බුදු පිරිස ම යි. සේනක පණ්ඩිත මම" යි කියා භාග්‍යවතුන් වහන්සේ මේ ජාතකය නිමවා වදාළා.

08. අට්ඨිසේන ජාතකය

කිසිවෙකුගෙන් කිසිවක් නොඉල්ලා තපස් රැකි තවුසාගේ කතාව

පින්වතුනේ, පින්වත් දරුවනේ,

ඉල්ලීම කියන එක කාටවත් ම හොඳ නෑ. ඇතැම් අය ඉල්ලන එකේ සීමාවක් නෑ. කොයිතරම් දුන්නත් මදි. ඉල්ලන්ට කොහෙත් ම අකැමති අපූරු ගුණදම් ඇති අපගේ බෝසතාණන් වහන්සේ ගැනයි මේ කතාව.

ඒ දිනවල අපගේ භාග්‍යවතුන් වහන්සේ වැඩ වාසය කොට වදාළේ අලව් නගරයේ අග්ගාලව කියන චෛත්‍ය පිහිටි වනයේ. ඒ කාලේ අලව් නුවර වාසය කළ ඇතැම් භික්ෂූන් වහන්සේලා කුටි සෙනසුන් හදාගන්ට ගිහියන්ගෙන් උදැල්ලේ පටන් නොයෙක් දේ ඉල්ලන්ට පටන් ගත්තා. මුලින් මිනිස්සු ඉතා සතුටින් උදව් කළා. නමුත් කලක් යද්දී මිනිසුන්ට වැඩක් පලක් කරගන්ට නෑ. ගොවිතැනක් කරගන්ට නෑ. කුළියක් කරගන්ට නෑ. කුටි හැදිල්ලට ම ඔට්ටු වෙන්ට උනා. අන්තිමේදී මිනිස්සුන්ට කුටි හැදිල්ල එපා උනා. භික්ෂූන් දකිනකොට හැංගුනා.

අපගේ මහාකස්සප මහරහතන් වහන්සේ වැනි මහෝත්තමයන් වහන්සේ නමක් පවා අලව් නගරයට වැඩි අවස්ථාවේදී පිඬු සිඟා වඩිද්දී දානෙ බෙදන්ට

මිනිස්සු මැළි වුණා. ඒ නිසයි මේ වැඩේ එළි වුණේ. භාග්‍යවතුන් වහන්සේ භික්ෂූන් වහන්සේලා කැඳවා ඉල්ලීමේ ආදීනව ගැන බොහෝ කරුණු කාරණා පෙන්නා වදාළා.

"මහණෙනි, ඉස්සර බුද්ධ ශාසනයක් නැති කාලවල පවා, මේ බාහිර තපස් පැවිද්දෙන් පැවිදි වූ අය පවා රජවරු පෙරැත්ත කරමින් පවරද්දී 'ඉල්ලීම කියන්නේ හැමෝටම අප්‍රිය, කවුරුත් අකැමැති දෙයක් ය' කියා ඉල්ලුවේ නෑ" කියා මේ අතීත කතාව ගෙනහැර දක්වා වදාළා.

"මහණෙනි, ගොඩාක් ඉස්සර කාලෙක බරණැස්පුරේ බ්‍රහ්මදත්ත නමින් රජ්ජුරු කෙනෙක් රාජ්‍ය කරමින් සිටියා. ඔය කාලේ මහා බෝධිසත්වයෝ එක්තරා නියම්ගමක බ්‍රාහ්මණ පවුලක උපන්නා. නිසි වයසේදී තක්සිලා ගොහින් ශිල්ප ශාස්ත්‍ර ඉගෙන ඇවිත් කලකට පස්සේ ගිහි ජීවිතේ කළකිරී හිමාලෙට ගොහින් ඍෂි පැවිද්දෙන් පැවිදි වුණා. ධ්‍යාන සමාපත්ති උපදවාගෙන කාලයක් හිමාලේ ම වාසය කළා. පස්සෙ කාලෙක ලුණු ඇඹුල් සොයා මනුස්ස වාසයට ඇවිත් චාරිකාවේ යන අතරේ බරණැසටත් ආවා. බරණැස ඇවිත් රජ්ජුරුවන්ගේ උයනේ වාසය කළා.

පසුවදා පිඬුසිඟා වඩිද්දී රජමිදුලටත් වැඩියා. රජ්ජුරුවෝ මේ අළුත් තාපසින්නාන්සේගේ ඇවතුම් පැවතුම් ගැන ගොඩාක් පැහැදුනා. රාජමාළිගාවට වැඩමවාගෙන උඩුමහලේ තමන් වාඩිවෙන ආසනයේ වඩා හිඳෙව්වා. තමන් උදෙසා පිළියෙල කළ බොජුන් පිළිගැන්නුවා. දානෙන් පස්සේ අනුමෝදනා බණ

ටිකකුත් ඇහුවා. දිගට ම රාජ උද්‍යානේ ඉන්න හැටියට පොරොන්දු කරවා ගත් රජ්ජුරුවෝ මේ තාපසින්නාන්සේව එහි ම නවත්තා ගත්තා. දවසට දෙතුන් වරක් ගිහිං තාපසින්නාන්සේගේ සැපදුක් බලනවා.

දවසක් මේ තාපසින්නාන්සේගේ බණ කතාවට රජ්ජුරුවෝ හොඳටෝම පැහැදුනා. "අනේ ආර්යයන් වහන්ස, මං තමුන්නාන්සේට මගේ මේ රාජ්‍යයේ පටන් ඕනෑම දෙයක් දෙන්ට සූදානම්. අනේ ඕනෑම දෙයක අවශ්‍යතාවක් උනොත් මට කියන්ට" කියා පැවරුවා.

බෝධිසත්වයෝ කිසිම වේලාවක මට අසවල් දේ දෙන්ට කියා ඉල්ලුවේ නෑ. නමුත් සාමාන්‍ය ජනයා නොයෙක් අවශ්‍යතා කියාගෙන නොයෙක් දේ ඉල්ලාගෙන එනවා. වෙනත් යාචකයෝ "අනේ මට අසවල් දේ දෙන්න, අසවල් දේ දෙන්න" කියමින් රජ්ජුරුවන්ගෙන් ඉල්ලනවා. රජ්ජුරුවොත් නොගැටී ඒ හැම දෙයක් ම දෙනවා. දවසක් රජ්ජුරුවෝ මෙහෙම හිතුවා. 'මේ එක එක්කෙනා ඇවිත් මට අරක දෙන්ට මේක දෙන්ට කිය කියා නොයෙකුත් දේ ඉල්ලනවා. නමුත් අපගේ ආර්ය අට්ඨිසේන තාපසයෝ මං පවරපු දා පටන් කිසිම දෙයක් ඉල්ලන්නෑ නොවැ. උන්නාන්සේ මගෙන් මුකුත් නොඉල්ලන්නේ ප්‍රඥාවෙන් යුක්තව ඉන්න නිසා ද නැතිනම් කට්ටකොමට ද? මං මේක අසා බලන්ට ඕනෑ.'

දවසක් තාපසින්නාන්සේ මාළිගාවට දානෙට වැඩි වෙලාවක රජ්ජුරුවෝ වන්දනා කොට එකත්පස්ව වාඩි වුණා. වාඩිවෙලා මේ ගාථාව පැවසුවා.

(1)

අපගේ ආර්ය වූ අට්ඨිසේන තවුසාණෙනි
නොයෙකුත් දේ ඉල්ලාගෙන එක එක අය එනවා
ඒ අයගේ නම් කුලගොත් කිසිත් නොදැන
ඔවුන් මගෙන් ඉල්ලන ඒ හැම දෙයක් ම දෙනවා
නමුත් ඔබ පමණක් මගෙන් -
මුකුත් නොඉල්ලාම ඉන්නවා
ඇයි ඔබ විතරක් මට එහෙම කරන්නේ

එතකොට බෝධිසත්වයෝ රජ්ජුරුවන්ට මේ ගාථාවෙන් පිළිතුරු දුන්නා.

(2)

ඉල්ල ඉල්ල කරදර කරනා අය -
කොයි කාටත් අප්‍රිය වෙනවා
ඉල්ලන දේ දෙන්නේ නැත්නම් -
යදින අයට ඒ අය අප්‍රිය වෙනවා
ඔබෙන් නිතර මං ඉල්ලුවොතින් -
ඔබට උනත් තරහක් එනවා
ඉල්ලන දේ ඔබ නොදුන්නොතින් -
මට ඔබ ගැන තරහක් එනවා
දෙන්නගේ ම මෙත් සිත නොබිඳේවා කියා -
මං කිසිම දෙයක් ඉල්ලන්නේ නෑ

බෝධිසත්වයන්ගේ මේ ගාථාව අසා රජ්ජුරුවෝ මේ ගාථාවන්ගෙන් පිළිතුරු දුන්නා.

(3)

ඉල්ලාගෙන ජීවත්වෙන අය ලොව -
නිසි කල ඉල්ලන්නේ නැතිනම්
දන් දීමෙන් රැස්කරගත යුතු පින -

අනිත් අයට සැලසෙන්නේ නෑ
ඉල්ලා ජීවත් වන අයටත් -
සුවසේ ඉන්නට වෙන්නේ නෑ

(4).   ඉල්ලාගෙන ජීවත් වෙන අය ලොව -
           නිසි කල ඉල්ලා එන විටදී
දන් දීමෙන් රැස් කරගත යුතු පින -
           අනිත් අයට නිති රැස්වෙනවා
ඉල්ලා ජීවත් වෙන අයටත් -
           සුවසේ ඉන්නට හැකි වෙනවා

(5).   එනිසා තවුසාණෙනි මේ ලෝකේ -
           තමා ළඟට ඉල්ලා එන අය දැක
නුවණැති අය නම් කිපෙන්නෙ නෑ -
           ඔබ මට ඉතාම ප්‍රිය අයෙකි
කියන්න ඔබ හට කැමති දෙයක් -
           ඒ ඕන දෙයක් මම ඔබට දෙමී
රජකම මාගෙන් ඔබ ඉල්ලුවොතින් -
           සතුටින් එය මම ඔබට දෙමී

රජ්ජුරුවෝ බෝධිසත්වයන්ව රජකමින් පවා
පවරන නමුත් කිසිම දෙයක් ඉල්ලුවේ නෑ. එතකොට
බෝධිසත්වයෝ මෙහෙම කිව්වා. "මහරජ්ජුරුවෙනි, ඔය
ඉල්ලීම කියන එක කාමභෝගී ගිහියෝ නම් නිතරම
කරන දෙයක්. නමුත් පැවිදි උනාට පස්සේ පැවිද්දෙක්
ඉන්ට ඕනෑ කාටවත් සමකරන්ට බැරි පිරිසිදු ජීවිකාවකින්.
පැවිද්දාගේ ප්‍රතිපදාව වෙන්ට ඕනෑ නොඉල්ලා සිටීමයි"
කියා මේ ගාථාව පැවසුවා.

(6).   නුවණැත්තෝ ලොව සිටිනා -
           කිසිදා කිසිවක් ඉල්ලන්නේ නෑ

ඔවුනට උවටැන් කරනා උදවිය -
ලෙඩ දුක් ඇති නැති බව හඳුනා
ඊට සුදුසු වූ දෙයක් ම පමණක් -
තමන්ම දැනගෙන දෙන්ට වටී
ආර්ය උතුමෝ නිහඬව ඇවිදින් -
දන් පිඬක් පිණිස පමණක් සිටිතී
ආර්යයන්ගේ ඉල්ලීම මෙය ම බව -
අන් අය දැනගෙන සිටිනු වටී

බෝධිසත්වයන්ගේ මේ කතාව ඇසූ රජ්ජුරුවෝ තවත් පැහැදුණා. "ස්වාමීනී... හරියට හරි... නුවණැති උපස්ථායකයෙක් තමන් ම දැනගෙන තමන්ගේ කුළුපග ආර්යයන් වහන්සේට පිදිය යුත්ත පූජා කරගන්ට ම ඕනෑ. මාත් මේ මේ දේ දෙනවා" කියා මේ ගාථාව පැවසුවා.

(7)

තවුසාණෙනි මම ඔබ හට -
හොඳ වෘෂභ රාජයෙකු සමගින්
රතුපාටින් යුතු එළදෙනුන් දහසක් දෙනවා
ඔබගේ ඔය දහම් කතා අසා සතුටට පත් ආර්යයෙක්
ආර්යයන් වහන්සේට කොහොමද නොදී සිටින්නේ

එතකොට බෝධිසත්වයෝ රජ්ජුරුවන්ට මෙහෙම කිව්වා. "මහරජ්ජුරුවෙනි, මං ඔය කිසිම දේකට කැමැති නැති පැවිද්දෙක්. අනේ ඒ නිසා මට ගවයන්ගෙන් කිසිම ප්‍රයෝජනයක් නෑ" කියා ප්‍රතික්ෂේප කළා. ඊට පස්සේ රජ්ජුරුවෝ බෝධිසත්වයන්ගේ අවවාද අනුව දානාදී පිංකම් කරමින් වාසය කොට මරණින් මතු දෙවියන් අතර උපන්නා. බෝධිසත්වයෝ නොපිරිහුණු

ධ්‍යානයෙන් යුතුව අපවත් වී බඹලොව උපන්නා.

භාග්‍යවතුන් වහන්සේ මෙය වදාරා චතුරාර්ය සත්‍ය ධර්ම දේශනාව වදාළා. ඒ දේශනාව අවසානයේ බොහෝ භික්ෂූන් වහන්සේලා සෝවාන් ආදී මාර්ගඵලයන්ට පත් වුණා. මහණෙනි, එදා රජ්ජුරුවෝ වෙලා සිටියේ අපගේ ආනන්දයෝ. අට්ඨිසේන තාපස වෙලා සිටියේ මම" යි කියා භාග්‍යවතුන් වහන්සේ මේ ජාතකය නිමවා වදාළා.

09. කපි ජාතකය

නුවණ යොදවා ඥාතීන් රැකගත් බෝසත් වඳුරාගේ කතාව

පින්වතුනේ, පින්වත් දරුවනේ,

තමන්ගේ පිරිසට හිතවත්, ඔවුන්ගේ යහපත ගැන සිතන, ඔවුන්ව අනතුරින් මුදවා ගන්නා නායකයා මිනිසුන්ට පමණක් නොව සතුන්ටත් ආශීර්වාදයක්. මෙය එබඳු කතාවක්.

ඒ දිනවල භාග්‍යවතුන් වහන්සේ වැඩ වාසය කොට වදාළේ සැවැත් නුවර ජේතවනයේ. භාග්‍යවතුන් වහන්සේගෙන් පැවිදි බව ලබා ගත් දේවදත්ත ලාභසත්කාර වලට ගිජු වීම නිසා මහා භයානක අසත්පුරුෂයෙක් වුණා. ඔහු ඇසුරට පත් අය පවා විනාශ වුණා. මොහු අපගේ භාග්‍යවතුන් වහන්සේට කරන්ට පුළුවන් සෑම සතුරුකමක් ම කරලා, කරන්ට පුළුවන් සෑම පාප කර්මයක් ම රැස් කරගෙන අන්තිම මොහොතේ සිහි උපන්නා. භාග්‍යවතුන් වහන්සේගෙන් සමාව ගන්ට ඕනෑ කියා සිතුවා. තමන්ට ඇවිද ගන්ට බැරි තරම් අසනීප වූ අවස්ථාවේ ඇඳක හාන්සි වුණා. අනිත් අය මොහු කෙරෙහි අනුකම්පා කොට ඒ ඇඳ කරේ තබාගෙන ගයා ශීර්ෂයේ සිට ජේතවනය තෙක් යොදුන් හතලිස් පහක් දුර

රැගෙන ආවා. නමුත් ගමන සාර්ථක වුණේ නෑ. ජේතවන දොරටුව ළඟදී මොහුට බලවත් පිපාසයක් ආවා. වතුර ටිකක් බොන්ට ඕනෑ වෙලා ඇඳ බිමින් තබ්බවා ගත්තා. පොළොවේ පය ගසා සිටගත්තා විතරයි. පොළොව පැලී ගියා. ගිනි දැල් මතු වී ආවා. පරම්පරාවෙන් ලැබෙන රතු කම්බිලියක් පෙරවී යනවා වගේ ගිනි දැලින් ඇඟ වෙලී ගියා. පොළොවේ ගිලී ගියා.

දම්සභා මණ්ඩපයේ රැස්වූ භික්ෂූන් වහන්සේලා මේ අවාසනාවන්ත පුද්ගලයා අත්කරගත් ඉරණම ගැන කතා කරමින් හිටියා. "අයියෝ ඇවැත්නි, මේ දේවදත්ත කරගත් දේ. තමාත් වැනසුනා. තමන් ඇසුරු කළ අයත් වනසාගත්තා."

ඒ අවස්ථාවේ අපගේ භාග්‍යවතුන් වහන්සේ එතැනට වැඩම කොට වදාළා. භික්ෂූන් වහන්සේලා තමන් කතා කරමින් සිටි කරුණ භාග්‍යවතුන් වහන්සේට සැලකළා. භාග්‍යවතුන් වහන්සේ මෙසේ වදාළා. "මහණෙනි, ඔය පුද්ගලයා තමන්ගේ පිරිසත් එක්කම විහින් නැසුනේ මේ ආත්මේ විතරක් නොවේ. මීට කලින් ආත්මෙකත් ඔය වැඩේ ම උනා" කියා මේ අතීත කතාව ගෙනහැර දක්වා වදාළා.

"මහණෙනි, ගොඩාක් ඉස්සර කාලෙක බරණැස්පුරේ බ්‍රහ්මදත්ත නමින් රජ්ජුරු කෙනෙක් රාජ්‍ය විචාරමින් සිටියා. ඔය කාලේ මහාබෝධිසත්වයෝ වඳුරු යෝනියේ උපන්නා. පන්සියයක වානර පිරිසක් සමඟ රාජ උද්‍යානේ වාසය කළා. දේවදත්තත් උපන්නේ වඳුරු යෝනියේ. ඔහුටත් පන්සියයක වානර පිරිසක් සිටියා. හැමෝම වාසය කළේ රාජ උද්‍යානේ.

දවසක් පුරෝහිත බ්‍රාහ්මණයා උයනට ගිහින් පොකුණට බැහැලා වතුර නෑවා. අලුත් වස්ත්‍රයක් ඇඳගෙන පිටත් වුණා. එතකොට ඒ වඳුරු රැලේ උන් අශීලාචාර වඳුරෙක් වේලාසනින් ගිහින් උද්‍යානයේ තොරණ මත වාඩි වෙලා උන්නා. පුරෝහිත බ්‍රාහ්මණයා එතැනින් යනකොට ම ඔහුගේ හිසමතට වසුරු කළා.

"ෂික්... මොකාද මේ මං නාලා අළුත් ඇඳුමක් ඇඳන් එනකොට ම හිසට පහරපු ජරා සතා" කියා උඩ බැලුවා. ඔහු උඩ බලනකොට අර වඳුරා ආයෙමත් හරියට ම කටට වර්චස් කළා.

"තුහ්... තුහ්..." කියා කාරා කෙළ ගසා බලද්දි වඳුරාව දැක්කා "හරි... වඳුරනේ, තොපි දැනට ඔහොම හිටිං අෑ. තොපිට මං කරන දේ බලාගනිං" කියා තර්ජනය කරලා ආයෙමත් ඉක්මණින් පොකුණට දිව්වා. ආයෙමත් නාගත්තා. වඳුරන්ට බැණ බැණ පිටත් වෙලා ගියා.

අනිත් වඳුරෝ මේ සිද්ධිය දැක්කා. දැකලා ගිහින් බෝසත් වඳුරාට කිව්වා.

"නායකතුමනි... අපේ එකෙක් මහා නොහොබිනා ජරා වැඩක් කළා. පුරෝහිත බ්‍රාහ්මණයාගේ හිසටත් කටටත් වර්චස් කළා. ආං... උන්දෑ මුළු වඳුරු සංහතියට ම වෛර බැඳගෙන ගියා. අපිට දැන් ඉතින් මොකාක් හරි නස්පැත්තියක් වේවි."

එතකොට බෝධිසත්වයෝ කල්පනාවට වැටිලා හිටියා. ඊට පස්සේ මෙහෙම කිව්වා. "ම්... ම්... මට හිතෙන හැටියට නං වැඩේ දරුණුයි. වෛරක්කාරයෝ ඉන්න තැනක වාසය කරන එක අනතුරුදායක ම යි. අපට දැන්

කරන්ට තියෙන්නේ එක දෙයයි. අපි හැමෝම හැකිතාක් ඉක්මනින් මෙතැන දාලා පැනලා යමු. වෙන තැනකට යමු... හරි... එහෙනම් සියල්ලෝ ම වෙන තැනකට යත්වා කියා දහසට ම දැනුම් දෙන්ට."

එතකොට වඳුරන් දහස් දෙනාට ම එක් නායක වඳුරෙකුගේ නියෝගය දැනගන්ට ලැබුණා. අනිත් නායක වඳුරා මෙහෙම කිව්වා. "හහ්... විකාර... මොනාට භය වෙනව ද? ඔය මිනිහා ඔය කීවට මක් කරන්ට ද? අනික එහෙම අනතුරක් වෙන්ට ආවොත් අපට වේලාසනින් දැනගන්ට ඇහැකි නොවැ. එතකොට බැරියැ යන්ට" කියලා පාඩුවේ හිටියා.

බෝසත් වඳුරා තමන්ගේ පිරිසත් සමඟ ඉක්මනින් ම උයනෙන් පිටත් වෙලා වනාන්තරේට ගියා.

දවසක් වී කොටන දාසියක් මාගල් පැදුරක වී වේලෙන්ට දාලා තිබුණා. ඇගේ ලොම් පිරී ගිය එළුවෙක් ඇවිත් වී කන්ට පටන් ගත්තා. දාසිය ළඟම ඇවිලෙමින් තිබුණු ගිනි පෙනෙල්ලකින් එළුවාට පහර දුන්නා. එතකොට එළුවාගේ ඇඟට ගිනි ඇවිලුනා. එතකොට එළුවා දුවගෙන ගිහින් ඇත්හලේ තිබුණු පිදුරු කුටියක බිත්තියේ ඇඟ ඇතිල්ලුවා. එතකොට පිදුරු කුටියට ගිනි ඇවිලුනා. එතැනින් පටන් ගත් ගින්න ඇත් හලටත් ඇවිලුනා. ඇත් හලේ වහලෙන් ගිනිගත් පිදුරු වැටී ඇතුන්ගේ පිට පිළිස්සුනා. ඇත් වෙද්දු ඇත්තු සුවපත් කරන්ට මහන්සි ගත්තා. පුරෝහිත බ්‍රාහ්මණයා වඳුරන්ගෙන් පළිගන්ට අවස්ථාවක් බලමින් උන්නා.

එදා රාජ උපස්ථානයට පුරෝහිතයා ගිහින් වාඩි වුණා. රජ්ජුරුවෝ මෙහෙම ඇසුවා. "භවත්

ආචාර්යපාදයෙනි, බලන්ට, හරි වැඩේ නොවැ උනේ. ගොඩාක් ඇතුන්ගේ පිටේ දිය පට්ටාදාලා අමාරුයි... අපේ වෙද්දුන්ට හරියට කරගන්ට බෑ නොවැ. ඔහේ දන්නැද්ද ඉක්මනින් ම මේ සත්තු සනීප කරගන්ට තිසි ඖෂධයක් ගැන?"

"මොකෝ මහරජ මං නොදන්නේ? මං ඔය පිළිස්සුන් තුවාලවලට හොඳ බෙහෙතක් දන්නවා."

"හෝ... ඉතිං හොඳා නොවැ. මොනාද ඒ බෙහෙත?"

"මහරජ්ජුරුවෙනි... ඕකට ඕනෑ වඳුරන්ගේ වුරුණු තෙල. ඒ කියන්නේ වඳුරු මසින් ගන්නා තෙල්."

"හරි ඉතිං... ඕවා කොහෙන්දෑ හොයන්නේ?"

"ඇයි මහරජ්ජුරුවෙනි... ඇත්තුන්ට සෑහෙන ප්‍රමාණෙට වඳුරන්ගේ වුරුණු තෙල ගන්ට ඕනෑ තරම් වඳුරෝ ඔය ඉන්නේ උද්‍යානේ."

එතකොට රජ්ජුරුවෝ උද්‍යානේ ඉන්න වඳුරෝ මරලා එවුන්ගේ වුරුණු තෙල් අරන් එන්ට කියා නියෝග කළා. දුනුවායෝ ගිහින් වඳුරන් පන්සිය දෙනා ම මරා දැම්මා. එක් වැඩිහිටි වඳුරෙක් ඊ පහර කාගෙන බෝධිසත්වයන් ඉන්නා තැනට පලා ගිහින් එතැන ම මැරී වැටුණා. මේ වඳුරා ඊ පහරක් වැදී මැරී ගිය බව දුටු අනිත් වඳුරෝ ගිහින් බෝධිසත්වයන්ට සැලකළා. බෝධිසත්වයෝ එතැනට ඇවිත් වඳුරු පිරිස මැද මෙහෙම කිව්වා. "ඕං... දැක්ක නේද නුවණැත්තන්ගේ වචනයට ඇහුම්කන් නොදී වෛරී පුද්ගලයන් ඉන්නා තැන වසන්ට ගොහින් වෙච්චි දේ? අනුවණ කාටත් වෙන්නේ ඕක තමයි" කියා මේ ගාථාවන් පැවසුවා.

(1)

වෛර කරන අය තමන්ට ඉන්නවා ද යම්කිසි තැන
නුවණැත්තා එබඳු තැනක නොසිටියුතු ම ය කිසි දින
රැයක් දෙකක් නමුත් කෙනෙක් සතුරන් අතරේ නවතින
ගත කරන්ට වෙන්නෙ ඔහුට නිරතුරුව ම සිතින් දුකින

(2)

උපදෙස් දෙන්නට යන විට පටු සිතකින් යුතු කෙනා
විනාසයකි කර දෙන්නේ සතුරෙක් ලෙස සිටිමිනා
එක ම මෝඩ වඳුරෙකුගේ වචනෙට අවනත වෙනා
සියලු වඳුරු පිරිස එයින් වැනසීමට පත් වුනා

(3)

පිරිසට නායක වෙන අය අනුවණකමින් සිටිමින්
හැම දේ දන්නවා කියා සිටියෝතින් උඩඟුකමින්
තමන්ගෙ සිතට ම රැවටී සිටි මහවඳුරා විලසින්
මැරී වැටී නිදියන්නට වෙනව මොහුට වූ විලසින්

(4). පිරිසට නායක වෙන අය -
බලතල ඇති අනුවණයෙක් නම්
ඔහුගේ මග පෙන්වීමෙන් පිරිසට -
නැත සිදුවෙන්නේ යහපත නම්
වැද්දා ළඟ ඉන්නා වටුකුරුල්ලා -
හඬ ගා හැම වටුවන් ගෙන්නා
වැද්දාට ම දඩයම් සලසන සේ -
ඔහු ම ය පිරිසට විපත සදන්නා

(5). පිරිසට නායක වෙන අය -
බලතල ඇති නුවණැත්තෙක් නම්
ඔහුගේ මගපෙන්වීමෙන් පිරිසට -
සැලසෙන්නේ නම් යහපත ම යි

තව්තිසාවෙ දෙවියන්ගෙ යහපත -
සලසාලන සක්දෙවිඳු ලෙසින්
නුවණැති නායකයා සිය පිරිසට -
හිතවත් වී හැසිරෙයි නිතියෙන්

(6). යම් නායකයෙක් තමන් තුළ තියෙනා -
සිල්වත් බව නිති දකිනව නම්
එලෙසින් නුවණත් දැන උගත්කමත් -
නිසිලෙස පිහිටා තියෙනව නම්
එයින් තමාටත් යහපත සිදුවේ -
තම පිරිසට නිති සෙත සැලසේ

(7). එනිසා නුවණැති කෙනා -
තමන් තුළ සීලය හා නුවණත්
දැන උගත්කමත් තුලනය කොට -
මැනැවින් ගලපා ගත යුත්තේ
ඉන්පසු මග පෙන්වා සිය පිරිසට -
යහපත සලසාලිය යුත්තේ
එබඳු අයෙක් ම යි හුදෙකලාවෙ -
තනියම වාසය කෙරුමට යා යුත්තේ

මේ විදිහට බෝධිසත්ව වානර රාජයා නායකයෙකු තුළ තිබිය යුතු හික්මීමත්, කැපවීමත්, හිතවත්කමත් පෙන්නා දුන්නා. මෙය වදාළ භාග්‍යවතුන් වහන්සේ චතුරාර්ය සත්‍ය ධර්මය වදාළා. "මහණෙනි, එදා හිතුවක්කාර උඩඟු වඳුරාව සිටියේ දේවදත්ත. ඒ වඳුරා නිසා වැනසී ගිය පිරිස වෙලා සිටියේ දේවදත්තගේ පිරිස ම යි. පණ්ඩිත වානර රාජයාව සිටියේ මම" යි කියා භාග්‍යවතුන් වහන්සේ මේ ජාතකය නිමවා වදාළා.

10. බක බ්‍රහ්ම ජාතකය

බක බ්‍රහ්මයා දමනය කිරීම ගැන කතාව

පින්වතුනේ, පින්වත් දරුවනේ,

මේ කතාව අපගේ සම්මා සම්බුදුරජාණන් වහන්සේගේ අනුත්තරෝ පුරිසදම්මසාරථී ගුණය ඉස්මතු කෙරෙන හරිම ලස්සන කතාවක්.

ඒ දිනවල අපගේ භාග්‍යවතුන් වහන්සේ වැඩ වාසය කොට වදාළේ සැවැත් නුවර ජේතවනයේ. එදා දම්සභා මණ්ඩපයේ රැස්වූ භික්ෂූන් වහන්සේලා භාග්‍යවතුන් වහන්සේගෙන් අසිරිමත් දහම් කතාවක් සවන් දෙනු රිසියෙන් සිටියා. ඒ අවස්ථාවේ භාග්‍යවතුන් වහන්සේ එතැනට වැඩම කොට මෙය වදාළා.

"මහණෙනි, මං දවසක් සුභග වනයේ සුවිශාල සල්ගස් සෙවනක භාවනාවෙන් උන්නා. එදා මං බඹලොව බ්‍රහ්මයන්ට මෙත් සිත පැතිරුවා. එතකොට ආභස්සර බඹලොව ඉන්න බක නමැති බ්‍රහ්මරාජයා අධික මාන්නයකින් යුතුව මෙහෙම හිතමින් හිටියා මං දැක්කා."

'මේ මං ඉන්න තැන තමයි නිත්‍ය තැන. ස්ථිර තැන. මෙතැනට ආ කෙනෙක් ආයෙ චුතවෙන්නේ මැරෙන්නේ නෑ. ලෝකයෙන් එතෙරව ලබන නිවන කියන්නේ මෙතැනට ම යි' කියලා.

ඉතින් මහණෙනි, මං බක බ්‍රහ්මයාගේ මේ මුළාව ගැන අනුකම්පාවෙන් ඒ සුභග සල් රුක්සෙවණෙන් නොපෙනී ගොස් බඹලොව පහළ වුණා. මාව දැක්කා විතරයි බක බ්‍රහ්මයා මං ළඟට ඇවිත් මෙහෙම කිව්වා.

"අනේ ශ්‍රමණ ගෞතමයන් වහන්ස, ඔබවහන්සේත් මේ වැඩියේ නියම තැනට. හරියට ම හරි තැනට. මෙතැන තමයි උපතක් නැති මරණයක් නැති, නිත්‍ය වූ සදාකාලික නිවන."

එතකොට මහණෙනි, මං බක බ්‍රහ්මයාට මෙහෙම කිව්වා.

"බ්‍රහ්මය, ඔබට ලොකුම ලොකු වැරදීමක් වෙලා. ඔබ අවිද්‍යාව තුළ ඉන්න නිසයි සත්‍ය වැහිලා තියෙන්නේ. ඔබ ඔය ඉන්න බඹලොව නිත්‍ය තැනක් නොවේ. ස්ථිර තැනක් නොවේ. සදාකාලික තැනක් නොවේ. ලෝකයෙන් එතෙර වූ නිවනත් නොවේ. ඔබ තාම නිවන ගැන මොකුත් ම දන්නෙ නෑ."

එතකොට බක බ්‍රහ්මයා මේ ගාථාවෙන් භාග්‍යවතුන් වහන්සේට පිළිතුරු දුන්නා.

(1)

අපේ ශ්‍රමණ ගෞතමයෙනි -
කළ පින් ඇති හැත්තෑදෙදෙනෙක් වූ -
අපි බ්‍රහ්මයෝ
උපතක් නැති මරණය නැති -
හැම දේ වසගෙට ගත හැකි -
තැනට ඇවිත් ඉන්නවා
නුවණ උපදවාගෙන අපි උපන්න -
ලොව උතුම් ම තැන මේ බඹලොව -

බව හොඳට ම දන්නවා
අනේ අපිත් බඹලොව ම යි -
උපදින්නට ඕන කියා බොහෝ අය -
වැඳගෙන මේ ලොව පතනවා

එතකොට අපගේ භාග්‍යවතුන් වහන්සේ බක බ්‍රහ්මයාගේ වැරදි දෘෂ්ටිය පෙන්වා දෙමින් මෙසේ වදාළා.

"බ්‍රහ්මය, ඔබට වෙලා තියෙන්නේ වැරදීමක් ම යි. ඔබ උපන් ඔය බඹලොව අනිත්‍ය තැනක්. උපදින මැරෙන තැනක්. දැන් ඔබ ඔතැන ඉපදිලා ගොඩාක් කල් නිසා ඔබට මතක නෑ.

ඔබ කලින් ම උපන්නේ වේහප්ඵල කියන බඹලොව. එහෙ ඔබ කල්ප පන්සියයක ආයු කාලයක් ගෙව්වා. එතැනින් ඔබ චුත වුණා. ඊට පස්සේ ඔබ උපන්නේ සුභකිණ්ණ කියන ඊට පහළ බඹලොව. එතැන ඔබ හැට හතර කල්පයක් වාසය කළා. ඔබ එතැනිනුත් චුත වුණා. දැන් ඔබ ඉපදිලා ඉන්නේ ආභස්සර බඹලොව. ඔතන තියෙන්නේ අටකල්පයක ආයුෂ. ඔය කාලය ඔබ හිතන තරම් මහා දීර්ඝ කාලයක් නොවේ" කියා මේ ගාථාව වදාළා.

(2). බ්‍රහ්මය ඔබ ඔතැන බොහෝ -
ආයුෂ ඇත කියලා නොවැ හිතා සිටින්නේ
අනේ එහෙම නැතේ ඔතැන -
ඒ හැටි කල් ආයුෂයක් නැත පවතින්නේ
වැඩිම උනොත් නිරබ්බුද ලක්ෂයක් -
ආයු ඔතැන ඔබට තියෙන්නේ
ඔතැනින් චුත වී ගිය පසු කළ කම්පල අනුව -
කොහේ හරි උපදින්නේ

නිරබ්බුද කියන්නේ බුදුවරයන්ට පමණක් විෂය වන ආයුෂ ගණන් කිරීමක්. ඒ මෙහෙමයි. වර්ෂ දහයේ දහයක් සියයයි. සියයේ වර්ෂ දහයක් දහසයි. දහසේ වර්ෂ සියයක් ලක්ෂයයි. ලක්ෂයේ වර්ෂ සියයක් කෝටියයි. වර්ෂ කෝටි සියයේ ඒවා ලක්ෂයක් ප්‍රකෝටියයි. වර්ෂ ප්‍රකෝටි සියයේ ඒවා ලක්ෂයක් කෝටිප්‍රකෝටියයි. කෝටිප්‍රකෝටි සියයේ ඒවා ලක්ෂයක් නහුතයයි. නහුත සියයේ ඒවා ලක්ෂයක් නින්නහුතය යි. ලෝකයේ කොයිතරම් දක්ෂ කෙනෙකුට වුණත් ගණන් කරන්ට පුළුවන් කාල පරාසය ඔපමණයි. නමුත් බුදුවරු ඊටත් එහාට ගනින්ට දන්නවා.

ඒ නින්නහුත සියයේ ඒවා ලක්ෂයක් අබ්බුදයයි. අබ්බුද විස්සක් එක නිරබ්බුදය යි. ඒ නිරබ්බුද ලක්ෂ සියයක් අහහ එකයි. එතකොට බක බ්‍රහ්මයාට තව ඉන්ට කාලය නිරබ්බුද ලක්ෂයක් ආයුෂ තියෙනවා කියා අපගේ භාග්‍යවතුන් වහන්සේ වදාළා.

භාග්‍යවතුන් වහන්සේ මෙහෙම වදාළ නිසා බක බ්‍රහ්මයා ඊළඟට මේ ගාථාව පැවසුවා.

(3)

භගවත් මුනිඳුනි ඔබ ලොව -
කෙළවර තෙක් දකින කෙනෙක් -
කියා නේද කියන්නේ
ඉපදෙන මැරෙනා මේ හැම -
ලෝකෙකින් ම මිදුන කෙනෙක් -
කියා නේද කියන්නේ
එහෙනම් මං පෙර භවයේ -
කළ පින් වැඩු ගුණ දම් ගැන -
ඔබෙන් අසා සිටින්නේ

ඔබ පවසන දෙය අසමින් -
මටත් මගේ පෙර භව ගැන -
දැන ගත හැකි වන්නේ

එතකොට භාග්‍යවතුන් වහන්සේ මෙසේ වදාළා. "බ්‍රහ්මය, මං නිදා පිබිදුණු කෙනෙක් වගේ ඔබේ පෙර භවය ගැන සිහිකොට දැන් කියා දෙන්නම්. ඔබ ඉස්සර එක් කල්පෙක තාපසයෙක් වෙලා ධ්‍යාන අභිඤ්ඤා උපදවාගෙන වනාන්තරේ ගත කළා.

දවසක් වැලිකතරේ ගැල් පන්සියයකට පාර වැරදී ඔවුන් දින හතක් ම අතරමංව ඇවිද ඇවිද ගියා. හත්වෙනි දවස වෙද්දී ඔවුන්ගේ ජලය, දර හැම දෙයක් ම අවසන් වුණා. ඔවුන් ගවයන් ලිහා දමා ගැල්වලට වෙලා නිරාහාරව දුකසේ අසරණව කෙඳිරි ගගා වැටී උන්නා. ඔබ එය දිවැසින් දැක්කා. දැකලා මං වගේ කෙනෙක් දකිද්දී මේ අයට මෙහෙම වැනසෙන්ට දෙන්ට හොඳ නෑ කියා සිතා ඉර්ධි බලයෙන් ගංගාවක් වැලි කතරට ගලා එන්ට සැලැස්සුවා. හොඳ සෙවණ ඇති වනයකුත් මවා දුන්නා. එතකොට ඔවුන් හොඳට පැන් බීලා, වතුර නාලා, දරත් පලාගෙන සුවසේ කාන්තාරෙන් එතෙර වුණා" කියා මේ ගාථාව වදාළා.

(4)

නිදා පිබිදි අයෙකු ලෙසින් මං ඔබගේ පෙර ගුණදම් -
මැනවින් සිහිකොට පෙන්වමි දැන්
එක් කල්පෙක ඉර්ධි බලැති තාපසයෙකි ඔබ -
හුදෙකලාවෙ වනයක වාසය කෙරුවා
පන්සියයක් ගැල්කරුවෝ අතරමං වෙලා කතරේ -
හත් දවසක් දුකසේ සැරිසැරුවා

කෑම් බීම් අවසන් වී පිපාසයෙන් කුසගින්නේ -
ඔවුන් එදා වැතිරීගෙන හැඬුවා
දිවැසින් ඔබ ඔවුන්ව දැක සිත උණු වී පැන් දුන්නා -
නදියක් ඒ වැලිකතරට හරවා

ඊළඟට බ්‍රහ්මය පසුකාලෙක ඔබ එක්තරා පිටිසර ගමක් ඇසුරු කරගෙන ගං ඉවුරක වනගත අසපුවක වාසය කළා. දවසක් කන්දෙන් හොරමුලක් පහළට ඇවිත් මුළු ගම ම මං කොල්ල කෑවා. එදා ඒ හොරු ගමේ මිනිසුන්වයි, බඩු මුට්ටුයි, හරකබානයි ඔක්කෝම පැහැර ගෙන යන ගමන් ඒණියා කියන ගං තෙරේ මුරකාරයෝ තියලා කන්දේ ගුහාවක හොරුන්ට කන්ට කෑම පිසින අතරේ ඔවුන් වාඩි වී උන්නා. තාපසයන්ට ඒ පිරිසේ සිටිය ගවයන්, දරු දැරියන් මහා හඬින් වැළපෙනවා දිවකනින් ඇහුනා. 'මං වගේ කෙනෙක් මෙවැනි දුකක් දකිද්දී අහක බලාගෙන සිටීම හොඳ නෑ' කියා ඔබ ඉර්ධිබලෙන් ඇත්, අස්, රිය, පාබල කියන සිව්රඟ සේනාවක් මවා සොරුන් සිටි දිසාවට එව්වා. බියට පත් සොරු ඒ මිනිස්සුත්, හරකබානත්, බඩුත් ඔක්කෝම දාලා කෑමත් නොකා ම දිව්වා. එතකොට තාපසයා ඇවිත් ඒ මිනිසුන්ව ආයෙමත් භයක් නැතිව ඉන්ට කියා පැරණි තැන ම ඉන්ට සැලැස්සුවා" කියා මේ ගාථාව වදාළා.

(5)

නිදා පිබිදි අයෙකු ලෙසින් මං ඔබගේ පෙර ගුණ දම් -
මැනැවින් සිහිකොට පෙන්වමි දැන්
හොරමුලක් ඇවිත් ගමකට ඒණියා නමැති ගං ඉවුරේ -
බඩුපොදිත් සමඟ ගමේ අයත් පැහැරගෙන ගියා
බලෙන් රැගෙන යන මිනිසුන් හා ගවයින් දරු දැරියන් -
මහත් දුකින් අසරණ වී සිටිය හඬ හඬා

වනේ තපස් දම් පුරමින් සිටි ඔබ ඒ හඬ අසමින් -
කරුණාවෙන් ඔබගේ සිත කම්පිතව ගියා
සිව්රඟ සෙන් මවා වනේ එන්ට සලස්වා සොරු වෙත -
බියපත් සොරු හැම අත්හැර ඉන් පලා ගියා

"ඒ වගේම බ්‍රහ්මය, ඔබ තවත් අවස්ථාවක ගං තෙරක වාසය කළා. දවසක් ලොකු පාරු කීපයක් එකට ගැටගසා මණ්ඩපයක් සෑදූ මිනිස්සු කෑම් බීම් රැගෙන විනෝද චාරිකාවක් ගියා. කමින් බොමින් ගී කියමින් යන අතරේ ඉතිරි වූ කෑම්බීම් බත් මාළුපිනි ගංගාවට ම දැම්මා. එතකොට ගංගාවේ වාසය කරන නාගරාජයෙක් තමන්ගේ ඇඟට ඉඳුල් දමනවා ය කියා කෝප වුණා. 'මං මේකුන්ව ගංගාවේ ගිල්ලා මරණවා' ය කියා විශාල ඔරුවක් පමණ ආත්මභාවයක් මවාගෙන වතුර දෙබෑ කරගෙන මහා පෙනයක් පුප්පාගෙන ඔවුන් ඉදිරියට ආවා. නාගරාජයා දුටු ඔවුන් මරබියෙන් විලාප දුන්නා. තාපසයන්ට දිවකනින් එය ඇසුණා. එතකොට ඔහු 'මං වගේ කෙනෙක් මෙය දකිද්දී පිහිට නොවී ඉන්න හොඳ නෑ' කියා ඉර්ධිබලෙන් සැණෙකින් මහාගුරුළු ආත්මයක් මවාගෙන නයාව ඩැහැගන්ට ආවා. බියට පත් නාගයා දිය යටට කිමිදුණා. මිනිස්සු සුවසේ ගොඩ ආවා" කියා මේ ගාථාව වදාළා.

(6)

දවසක් මිනිසුන් ඔරුවල නැගී කමින් බොමින් තුටින් -
ගංගා නදියේ විනෝද චාරිකා ගියා
ඉතිරිව ඇති කෑම බීම ගං දියට ම හැලූ නිසා -
ඒ ඉඳුල් දියේ හැම තැන පාවෙලා ගියා
ඉඳුල් ගඟට දැම්ම කියා නාගරජෙක් තරහ වුණා -
මිනිසුන් ගිල්ලා මරන්ට ඔහුත් සැරසුණා

මහපෙනයක් පුප්පාගෙන දියෙන් උඩට ආ නා රජු දුටු -
මිනිසුන් මරහඬතල දී හඬා වැලපුනා
එතකොට දිවැසින් එය දැක මහා ගුරුළු වෙසක් රැගෙන -
අහසින් ඔබ එහි එනු දැක නයා පැන ගියා

බ්‍රහ්මය, ඔබ අතීතයේ තවුසෙක්ව සිටිද්දී ඔබේ නම 'කේසව'. මං ඒ කාලේ ඔබගේ අතවැසියෙක් ව සිටියා. ඒ කාලේ මගේ නම 'කප්ප'. දවසක් බරණැස ඉද්දි නාරද කියන ඇමතියා අසනීපව සිටි ඔබව හිමාලයට රැගෙන ආවා. මං තමයි ඔබට උපස්ථාන කරලා ඔබව සුවපත් කළේ" කියා මේ ගාථාව පැවසුවා.

(7)

ඔබ කේසව නමින් යුතුව මහා ඉර්ධිබලත් ඇතිව -
හිමාල වනයේ සිටියා
එතකොට මං කප්ප නමින් ඔබේ ගෝලයා හැටියට -
ඔබ හට උවටැන් කෙරුවා
ඒ කාලේ මං ඔබ ගැන සිතුවේ -
මහ සිල් ඇති මහනුවණැති උතුමෙකි'යි කියා

භාග්‍යවතුන් වහන්සේ දිගින් දිගටම බක බ්‍රහ්මයාගේ පෙර භවය ගැන විස්තර කරද්දී බක බ්‍රහ්මයා දමනය වුණා. මාන්නය නැතිව ගියා. තමාත් භාග්‍යවතුන් වහන්සේ වදාළ දේ අසා ඒ අතීතයට සිත යොමු කොට ඒ හැම එකක් ම සත්‍යය බව වටහාගත්තා. භාග්‍යවතුන් වහන්සේට ස්තුති කරමින් මේ ගාථාව පැවසුවා.

(8)

ඔබ නම් සම්මා සම්බුදු බුදු කෙනෙක් ම තමයි
සැබෑවට ම ඔබ කියූ ඒ සියල්ල ඇත්තයි
මගේ ආයු කාලය ඔබ හරියට ම දන්නවා

පෙර භවයන් මං ගත කළ හරියට ම දන්නවා
මුළු බඹලොව බබුළුවමින් -
ඔබ අද බුදු කෙනෙකු ලෙසින්
මහත් ආනුභාවයෙන් දිලිසෙමින් ඉන්නවා

මේ අයුරින් බක බ්‍රහ්මයා ප්‍රශංසා කරන්ට පටන් ගත්තා. මහණෙනි, එදා තථාගතයෝ බඹලොවවාසී දෙවියන්ට චතුරාර්ය සත්‍ය ධර්මය වදාළා. ඒ දෙසුම අවසානයේ දසදහසක් බ්‍රහ්මයෝ ආශ්‍රවයන්ගෙන් සිත නිදහස් කරගනිමින් උතුම් අර්හත්වයට පත් වුණා. මහණෙනි, එදා කේසව තාපස වෙලා සිටියේ බක බ්‍රහ්මයා. කප්ප මානවක වෙලා සිටියේ මම" යි කියා භාග්‍යවතුන් වහන්සේ මේ ජාතකය නිමවා වදාළා.

පළමුවෙනි කුක්කු වර්ගය යි.

මහාමේඝ ප්‍රකාශන

www.ingramcontent.com/pod-product-compliance
Lightning Source LLC
Chambersburg PA
CBHW070521030426
42337CB00016B/2052
* 9 7 8 9 5 5 6 8 7 1 7 0 8 *